자유롭고 올바른 시민사회의 주인이 되는 첫발

처음정치학

자유롭고 올바른 시민사회의 주인이 되는 첫발

처음 정치학

박요한 지음

봄마중

정치는 가치의 권위적 배분이다.

_데이비드 이스턴(David Easton, 미국의 정치학자, 1917~2014)

공동체를 이끌어 가는 힘, 정치학

TV와 신문에서 이상하고 실망스런 정치인들의 뉴스를 볼 때마다 두 가지 생각이 든다. 모든 정치인들에게 정치학개론 수업을 필수로 듣게 해야 한다는 것과 정치자격증 시험을 보면 좋겠다는 것이다. 자동차를 운전하기 위해서도 면허가 있어야 하는데, 특정 지역이나 나라 전체를 운전해야 하는 정치인들이 무면허로 미숙하고 난폭한 운전을 해대는 것처럼 보일 때가 많기 때문이다. 또 정치권력에는 실력과 책임이 전제되어야 하는데 과시와 특권만을 누리려 하는 정치인도 자주 보인다. 정치의 기본을 몰라도 너무 모르는 것 같다.

그런데 거꾸로, 도대체 왜 저런 정치인들을 뽑아 주었을까 싶기도 하다. 정치인뿐 아니라 일반 유권자도 정치의 기본을 배울 수 있는 정치학개론 수업을 들어야 할 것 같다. 그렇게 되면 우리 정치가 조금씩이라도 나아지지 않을까 하는 비현실적인 생각을 해보곤 한다.

나쁜 정치인이 아무리 많다 할지라도 누군가는 반드시 정치를 해야 하고 우리는 누군가가 반드시 정치를 하도록 뽑아줘야 한다. 정치가 없이는 공동체를 이루고 협력하며 발전해 나갈 수 없다. 유발 하라리가 그의 책《사피엔스》에서 말한 것처럼 지구 위에서 인류가 문명을 이룰 수 있었던 것은 인간만이 가진 고유한 두 가지 능력 때문이었다. '보이지 않고 만져지지 않는 것을 믿는 능력'과 '서로 부족한 점을 메꾸며 협력하는 능력'이다. 이 두 가지 능력 덕분에 인류는 위대한 역사와 문명을 이루며 지구를 지배할 수 있었다.

공동체를 이끌어 가는 것은 정치다. 정치는 신뢰와 협력을 바탕으로 해야 그 기능을 다한다. 정치는 우리로 하여금 모이게 하고 공동의 목표를 세우게 하며 목표를 위해 함께 일하게 만든다. 그리고 목표 달성의 실적과 성과를 공정하게 나누고 같이 누리게 한다.

제대로 된 정치는 신뢰와 협력에 바탕을 두어야 하지만, 신뢰와 협력을 이끌어내는 것 또한 정치다. 나 혼자 열심히 일할 때보다 다른 사람과 협력하면 더 많은 것을 이룰 수 있고 다른 사람도 기꺼이 협력할 것이라는 믿음이 있어야 한다. 그리고 이 믿음을 실제 행동으로 움직이는 것이 협력이다. 앞서 말했듯이 믿음과 협력을 이끌어내는 것이 바로 정치다.

미래의 정치인과 유권자가 이 책,《처음 정치학》에서 알려주는 정치의 기본을 잘 배우고 익혀 훌륭한 미래의 정치를 만들어 가면 좋겠다. 청소년을 위해 쓴 책이지만, 어른들도 읽어보기를 권한다.

이 책으로 독자들이 정치에 대한 기본 지식을 조금이라도 쌓을 수 있고, 그 지식으로 정치에 대한 '공통된 이해'를 조금이라도 가질 수 있다면, 그리고 그러한 이해를 통해 상호간의 신뢰를 형성하고, 형성된 신뢰로 서로 조금이라도 더 협력하여 더 좋은 정치를 만들어 가는 데 도움이 될 수 있었으면 하는 바람을 가져 본다.

원고의 기획과 집필, 탈고와 편집, 최종 발간까지 봄마중 출판사의 믿음과 협력 덕분에 완성할 수 있었다. 이제 남은 것은 독자의 신뢰와 협력을 얻는 것이다. 이 책을 읽은 후에 조금이라도 더 나아진 '나'를 발견하는 독자들이 있다면 더할 수 없이 기쁠 것 같다.

1

왜 정치학일까?

우리 삶 속의 정치를 연구하는 학문

우리가 사는 세상은 정치와 밀접하게 연관되어 있고 우리의 삶은 정치와 동떨어져 생각하기 힘들다. 날마다 정치 뉴스가 각종 매체의 헤드라인을 장식한다. 대통령이 국정을 수행하는 이야기, 국회의원이 법안을 만드는 이야기, 차기 대선후보로 부상하고 있는 유력 정치인의 소식 같은 국내정치 뉴스뿐 아니라 미국과 중국의 세력경쟁, 유엔의 평화유지 활동, 우리나라와 일본의 무역 분쟁 같은 각종 국제정치 뉴스가 우리에게 전달된다.

정치는 우리 생활 속에 깊이 스며들어 있다. 정치는 흔히 생각

우리 생활 속 깊이 스며 있는 정치
사람과 사람이 만나 이루어지는 인간관계 속에도, 가족과 함께 생활하는
가정에서도, 배우고 공부하는 학교에서도, 친구들과 하는
놀이 속에서도 정치는 발생한다.

하는 여당과 야당의 당 청사나 국회의사당, 지역 국회의원 사무실, 시의회같이 정치적인 장소에서만 일어나는 것이 아니다. 사람과 사람이 만나 이루어지는 인간관계 속에서도, 가족과 함께 생활하는 가정에서도, 배우고 공부하는 학교에서도, 친구들과 하는 놀이 속에서도 정치는 발생한다. 반장선거나, 게임의 규칙을 정할 때, 급식 당번을 정하거나 스포츠 경기에서도 마찬가지다.

정치학은 이처럼 우리 삶에 깊이 자리 잡은 정치를 연구하는 학문이다. 정치학을 사전적으로 규정하자면, '사회조직이나 국가의 권력을 획득하고, 행사·통치하는 행위 그리고 그 행위의 범위와 방법을 규정하는 제도 및 체제, 자원과 가치의 획득과 배분을 둘러싼 권력행사 및 투쟁, 갈등조정 및 타협 등을 연구하는 학문'이다.

정치학을 연구하는 데는 크게 두 가지 흐름이 있다. 하나는 정치체제와 행위자에게서 나오는 정치현상 자체에 집중해 객관적으로 살펴보고, 원인과 결과에 대한 이해를 구하고자 하는 '정치과학 the scientific study of politics'이다.

다른 하나는 밖으로 나타나는 정치현상 자체보다 정치현상의 본질은 무엇이며, 무엇이 옳은 것인지, 무엇이 마땅히 이루어져야 하는지, 무엇이 부끄럽지 않은지와 같은 규범적인 질문을 던지고 답을 구하는 '철학적 정치연구 the philosophical study of politics'이다.

정치학의 네 분야

정치학은 연구하는 주제에 따라 크게 네 가지로 분야로 나누어진다.

첫 번째로 비교정치comparative politics 분야는 각 국가의 다양한 정치제도와 정치체제, 정치과정, 정치행태를 조사하고, 유사점과 차이점을 비교 연구한다. 민주화, 선거, 권위주의, 군민관계, 쿠데타, 산업화, 경제발전, 복지국가, 시민운동, 시민사회, 혁명 등을 주로 연구한다.

비교정치 분야는 주로 다음과 같은 질문에 대한 해답을 구한다. '어떤 국가가 독재국가에서 민주주의 국가로 전환하는 데 성공하고, 어떤 국가가 실패할까?', '민주주의 정치제도는 지속적인 경제발전에 어떠한 긍정적인 영향을 미칠까?', '서구 유럽과 같은 다당제와 미국이나 한국 같은 양당제의 장단점은 무엇일까?', '선거결과에 영향을 미치는 정치·경제·사회·문화적 요소는 무엇일까?', '왜 어떤 유권자는 선거마다 투표에 참여하고 어떤 유권자는 참여하지 않을까?', '혁명은 왜 일어나고, 어떤 이유로 성공하고 실패할까?'.

두 번째, 국제관계international relations 분야는 국가 간의 상호작용과 그 경계를 넘어 일어나는 지역적 문제와 세계적 차원의 문제를 연구한다. 국제관계의 가장 중요한 행위자는 주권을 가진 국가이며, 각국 정부 대표가 모인 국제 정부기구intergovernmental organizations를 비롯해 국제 비정부기구international non-governmental organizations, 다국적기업, 기타 비정부조직들도 국제관계와 국제 체제에 영향을 미친다. 전쟁, 안보, 외교, 국제무역, 외교정책, 국제테러리즘, 국제 협상, 빈곤, 인권, 내전, 세계화, 지구 환경문제 등을 주로 연구한다.

국제관계 분야에서 연구하는 문제는 다음과 같은 것이다. '국가 간의 전쟁은 언제, 어떻게, 누구에 의해 왜 일어날까?', '전쟁이 사회 전반에 미치는 정치·경제·사회·문화적 영향은 무엇일까?', '왜 민주국가끼리는 서로 전쟁하지 않을까?', '국가 간의 갈등과 분쟁이 어떻게 평화적인 방법으로 해결될 수 있을까?', '국제무역이 국제관계에 미치는 긍정적 혹은 부정적 영향은 무엇일까?', '왜 국제무역은 특정 국가 사이에서 더 활발히 이루어질까?', '지구 온난화와 같은 지구 환경문제 개선을 위해 어떻게 하면 서로 양보하며 협력할 수 있을까?', '국제테러리즘은 왜 발생하고 피해국에는 어떤 영향을 미칠까?', '국제기구가 국가 간의 협력을 원활히 하고 지구의 다양한 문제들을 해결하는 데 실질적으로 유용할까?'.

세 번째, 정치철학political philosophy 혹은 정치사상political thought

분야는 정치에 연관된 것들에 대해 근원적이고 본질적인 것을 탐구한다. 기본적으로 '무엇이 왜 옳은 것일까?', '그 본질은 무엇이며 왜 필요할까?'라는 당위적이고 규범적인 질문을 연구의 틀로 삼는다.

이를 기반으로 법과 제도, 정치체제, 정치행위자, 정치현상을 연구하고 자유, 평등, 정의, 권리, 법, 권위, 정체성과 같이 정치적으로 중요한 개념을 규정하고 재정의한다. 또한 자유주의, 보수주의, 사회주의, 파시즘, 무정부주의 등과 같은 정치 이데올로기 ideology 연구를 통해 사상과 현실의 관계를 이해하고자 한다.

마지막으로 네 번째는 정치학 방법론 분야이다. 이 분야는 정치현상에 관한 특정범위나 주제를 연구하기보다는 정치학 연구를 어떻게 하면 효율적이고 정확하게 수행할 것인가에 대한 기술과 방법을 개발하고 발전시키며 연구자를 훈련하는 것이 목표이다.

주로 정치현상을 설명하고 이해하기 위해 만들어진 이론을 역사적 정치현실과 수집된 데이터에 비추어 검증하고 결과에 대한 추론을 도출해 내는 데 쓰인다.

다양한 세부영역으로 나눌 수 있으나 크게는 통계, 수학모델, 게임이론 등을 활용하는 양적 quantitative 연구방법과 사례조사, 심층 면접, 문헌분석과 같은 질적 qualitative 연구방법으로 나뉜다.

양적 연구방법은 많은 사례와 관측값을 종합해 얻은 결과와 결론을 다른 사례와 집단에 적용해 이해하고 추론하는 일반화 작업에 유리하다.

반면 질적 연구방법은 연구의 범위가 축소·집중되어 보다 풍부하고 자세한 발견이 가능하며 특정 문제에 대한 새로운 시각과 통찰을 제공하는 데 유리하다.

양적 연구방법과 질적 연구방법은 정치학에만 국한되는 것이 아니라 경제학, 사회학, 심리학, 인류학, 신문방송학, 사회복지학과 같은 사회과학 전반에 널리 사용되고 있다. 정치학을 공부하는 사람이 수학을 잘하거나 적어도 수학을 싫어하지는 않는다면 양적 연구방법을 더 선호할 것이고, 그렇지 않으면 질적 연구방법을 선택할 것이다.

그러나 요즘에는 모든 연구자들이 양적 연구방법의 기본을 이해하고 사용할 필요가 커지고 있다. 그런 의미에서 정치학을 비롯한 사회과학 분야의 진로를 꿈꾼다면 국어, 영어, 역사, 사회 같은 문과 과목뿐 아니라 수학, 물리, 지리와 같은 이과 계열 과목에도 관심을 가져야 한다.

정당성 있고 권위를 가진 권력 행사

그렇다면 정치란 무엇일까? 도대체 무엇이기에 사람이 함께 살아가는 공동체에서 항상 발생하는 것일까? 정치학은 정치과학이든 정치철학이든 간에 기본적으로 인간과 인간이 무리를 이루고 있는 집단의 정치를 연구한다. 그렇기에 정치가 무엇이고 어떻게 이루어지는지를 알고 이해한다면 정치학이 어떤 학문이고 무엇을 연구하는지 쉽게 접근할 수 있다.

정치는 인간이 살아가는 데 항상 존재하고 꼭 필요한 것이지만, 많은 사람들이 부정적으로 바라본다. 정치는 인간 사이의 더 악한 일을 막기 위한 필요악으로 사용되기 때문이다. '정치적'이란 단어가 권력을 탐하고 음모적이며, 남을 이용하고 권력에 아부하는 것에 빗대어 쓰이는 것도 같은 맥락이다.

먼저, 정치를 부정적이거나 긍정적인 편견없이 정의해보자. 가장 많이 인용되는 미국의 정치학자 해럴드 라스웰Harold Laswell, 1902~1978의 정의에 따르면 '정치는 누가, 무엇을, 언제, 어떻게 갖느냐Who gets what, when and how'이다. 여기에서 Who는 정치행위자를, what은 권력과 가치를, when and how는 타이밍과 방법론을 말하고, get은 배분을 의미한다.

또 다른 미국의 정치학자인 데이비드 이스턴David Easton, 1917~2014

은 '정치는 가치의 권위적 배분the authoritative allocation of values'이라 정의했다. 여기서 말하는 가치란 돈이나 자연 자원 같은 물질적인 재화뿐 아니라 명예나 사회적 지위, 사상과 이데올로기, 신념과 같이 비물질적이고 정신적인 것을 포함한다. 즉 특정 사회에서 대다수의 구성원이 가치 있다고 여기는 거의 모든 것을 말한다.

문제는 많은 사람이 원하고 귀하게 여기는 것은 대체로 희소하다는 점이다. 사람들은 희소하기 때문에 더 귀하게 여기고 더 많이 원한다. 누구나 쉽게 가질 수 없는 가치의 희소성은 사람과 사람 사이에 갈등을 유발하고 다툼과 경쟁을 일으킨다. 소수의 누군가는 원하는 희소가치를 얻을 수 있지만 다수의 사람들은 희소가치를 포기할 수밖에 없다.

그렇다면 희소가치를 어떻게 배분해야 할까? 이것이 바로 정치의 영역이다. 희소가치가 혼란과 다툼 없이 나누어지고, 일단 결정된 배분을 사람들이 이의 없이 받아들일 때, '권위적 배분authoritative allocation'이 이루어졌다고 한다. 이것이 바로 정치의 순기능이다.

'권위적'이란 말이 다소 강압적이고 부정적이지만, 여기서 말하는 권위는 합리적으로 생각하는 다수의 구성원이 이해하고 수긍할 수 있는 적절한 배분의 결정을 의미한다. 또한 정치적 정당성political legitimacy을 갖고 있다는 뜻이다. 그렇기에 정치는 받아

들여질 만하고 정당성 있는, 진정한 권위를 가진 권력 행사라 할
수 있다. 정치권력이 권위적 배분을 제대로 할 때 사회는 혼란 없
이 질서정연하게 발전할 수 있다.

국가의 폭력은 합법적일까?

정치의 핵심 문제는 나라의 권력을 누가 얼마만큼 쟁취하며, 권한을 어떻게 나누느냐에 있다. 국가는 하나의 개별 정치체제로서 독립된 권력의 최상위에 자리 잡고 있다. 막스 베버는 국가를 이렇게 정의했다.

"국가는 한 영토 내에서 물리적 폭력을 합법적으로 사용할 수 있는 권한을 독점한 인간 공동체이다."

국가를 정의하는 데 폭력의 사용을 언급한 것이 무시무시하게 들린다. 그러나 이는 현대 정치학에서 가장 폭넓게 받아들여지고 사용되는 정의로, 국가만이 폭력을 합법적으로 사용할 수 있음을 규정하고 있다. 또 직접 사용이 아니라 다른 행위 주체에게 사용을 승인하기도 한다.

'합법적 폭력 사용 독점the monopoly of the legitimate use of physical force'과 '합법적 폭력 사용 허가의 독점the monopoly to authorize the legitimate use of physical force'이 다른 정치·사회·경제·문화 집단과 구별되는 국가의 특징이다.

대개 폭력은 정당화될 수 없고 사라져야 한다고 생각한다. 그러나 지구상에서 누군가는 폭력을 사용하고 누군가는 억울하게 희생당한다. 곳곳에서는 폭행 범죄, 조직폭력 범죄, 테러리즘 등이 무수히 일어난다. 조직된 폭력organized violence은 조직폭력배와 테러 집단뿐 아니라, 국가를 전복시키고자 하는 세력과 반군 단체 등에 의해서도 일어난다. 한 국가 안에서 분열된 세력끼리 벌이는 내전civil war은 국토를 쑥대밭으로 만들고 엄청난 재산 피해와 인명의 희생을 발생시킨다. 또한 조직된 폭력의 가장 거대한 것으로는 한 국가가 다른 국가에 행하는 국제전쟁interstate war이다. 최상위 단위의 권력 결정체끼리의 싸움이므로 동원할 수 있는 모든 자원과 인력을 사용해 서로에게 폭력을 가하는 전면전으로 발전할 확률이 높다.

이러한 잠재적 폭력으로부터 개인의 생명과 재산을 지키고 보호하는 것이 국가의 의무이자 역할이다. 국가는 치안을 위한 경찰력, 범죄사실을 확인하고 판단하는 사법제도, 범죄자의 구금과 교도를 위한 교정시설과 제도, 다른 나라로부터의 침략을 막는 국방력 등을 갖추어야 한다. 이때 치안, 사법과 교정제도의 운용, 국방은 국가의 폭력과 폭력의 잠재적 사용을 기본전제로 한다.

그렇다면 국가의 폭력은 언제나 합법적일까?

아니다. 여기에는 반드시 유념할 점이 있다. 국가만이 유일하게 합법적인 폭력 사용이 가능하다는 것은 국가가 사용하는 모든 폭력이 정당하다는 것을 의미하지는 않는다. 쿠데타 세력이나 독재정권이 권력유지를 위해 폭력을 사용하는 것은 불법이며 정당화될 수 없다. 자유와 민주주의에 대한 국민의 요구를 총칼로 짓밟고 저항하는 시민을 탄압하는 것은 어떠한 이유에서도 용납될 수 없다.

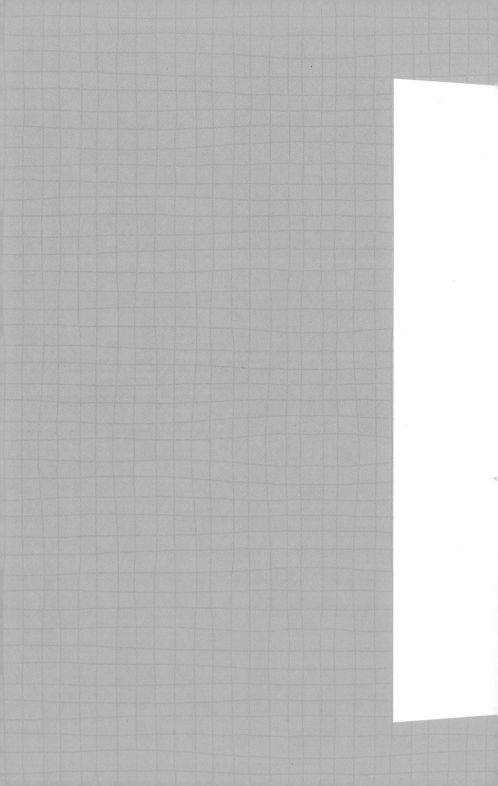

2

정치학의 역사와
정치학자들

동양에서의 정치

정치는 한자로 政治이다. 고대 중국의 유교 경전인 《상서尚書》에서 처음 나온 말이다. 政정은 '바르게 하다'라는 正정과 '회초리로 치다'라는 攵복이 합쳐졌다. 자기 자신을 쳐서 바르게 하여 스스로 부조리를 다스리고 극복한다는 뜻이다. 治치는 '물'을 뜻하는 수水와 다른 글자와 함께 쓰일 때 '먹이다'라는 의미로 사용되는 台태가 합쳐진 말이다. 물을 다스려 백성이 잘 먹고 잘살도록 돕는다는 뜻이다. 이렇게 단어의 기원을 보면 정치는 도덕적으로 옳은 것뿐만 아니라 실용적으로 필요한 것이다.

동양의 고대 정치철학자인 맹자는 정치를 '바르게 하도록 돕는 것'이라고 했다. 그는 인간의 본성을 선善하다고 보았다. 그러나 본성이 선하다고 해서 인간의 삶이 선한 것은 아니다. 인자함, 의로움, 예의, 지혜의 네 가지 덕성을 발현하고 살아야 바르고 선한 삶이다. 그렇기에 바르고 선한 삶은 저절로 얻어지는 것이 아니라, 자기 인격과 삶을 돌아보고 갈고 닦는 수양을 해야 한다. 교육을 통해 백성의 자기수양을 돕는 것이 맹자의 유교 사상에서 말하는 정치다.

그런데 인, 의, 예, 지의 4덕과 자기수양보다 선행되어야 하는 조건이 있다. 그것은 바로 사람이 먹고, 입고, 거주하는 의식주의 해결이다. 맹자는 항산恒産, 먹고 살만 한 재산이나 생업과 경세제민經世濟民, 세상을 다스려 백성의 살림을 보살핌도 이루어져야 한다고 주장했다. 오늘날 우리가 쓰는 '경제'란 말이 바로 '경세제민'의 줄임말이다. 항산과 경세제민을 강조한 맹자의 정치사상은 실학의 이용후생利用厚生, '백성의 일상적 생활에 이롭게 쓰이고 삶을 풍요롭게 하는 것'《한민족문화대백과사전》을 훨씬 앞서 생활 조건과 물질적 중요성을 강조한 것이었다.

이런 면에서 보면 조선 후기 실학사상은 당시 지나치게 충효와 허례허식을 강조했던 성리학의 폐단을 벗어나 유학 본연의 단순한 진리로 돌아가고자 하는 맹자의 재발견이었다고 볼 수도

맹자
맹자는 교육을 통해 백성의 자기수양을 돕는 것이 정치라고 보았다.

있을 것이다.

서양에서의 정치

정치는 영어로 politics이다. 이 말은 고대 그리스의 도시를 뜻하는 폴리스polis에서 유래했다. 폴리스는 도시 중에서도 종교적 행정적 핵심부religious and administrative center를 뜻한다. 또 폴리스는 도시에 살면서 투표권을 가진 시민을 의미하기도 한다. Politics는 바로 폴리스와 폴리스에 사는 시민의 활동과 결정을 의미하는 것이다.

이들 폴리스 중 하나인 아테네 시민이었던 소크라테스는 정치 발전에 한 획을 그은 인물이다. 세상이 어떻게 만들어졌는지에 관심을 가졌던 당시의 철학자들과 달리 소크라테스는 인간과 사회 그리고 정치에 관심을 두었다. 그는 시민의 덕목, 공동체의 미덕, 통치자의 자격뿐만 아니라 법과 행정질서 등을 언급했고, 이는 플라톤에게 이어졌다.

플라톤은《국가론》에서 철학적 이상주의 국가를 건설하는 것을 정치가 좌우한다고 말했다. 또한 그의 제자인 아리스토텔레스는 '만인이 법 앞에 평등한 국가만이 안정된 국가다The only stable

state is the one in which all men are equal before the law.'라며 평등을 정치의 최고 덕목으로 삼았다.

기원전 5세기 무렵부터 아테네에서는 직접 민주주의가 시행되었다. 일정 자격을 갖춘 시민이 모여 도시의 주요 사항을 투표로 결정했다. 그러나 투표권이 제한된 소수에게만 주어졌기 때문에 아테네식 민주주의는 일종의 계급제이자 과두제의 변형이라고 보는 게 맞다.

당시 아테네의 인구는 약 25만~30만 명이었는데 이 중 투표에 참여할 수 있는 참정권을 가지고 있는 사람은 3만~5만 명에 불과했다. 미성년자는 물론 여성과 노예, 외국인 등은 정당한 시민으로 대우받지 못했다. 그럼에도 극소수의 권력층만이 아니라 상당히 많은 시민이 참여했다는 데 의의가 있다. 이런 면에서 아테네식 민주주의는 인구 대비 일정 비율로 선출된 대표들이 전체 시민을 대신해 공동체의 결정을 해나가는 오늘날의 대의민주주의 제도와 유사하다.

어떤 것이 이상적인 국가이며 어떤 시민이 이상적인가에 대한 논의는 중세까지 이어졌다. 르네상스 이후 인문주의人文主義의 영향으로 개인의 자유와 평등이 부각되면서 국가권력이나 공동체를 비판하는 성향을 띠기 시작했고, 이는 '정치학을 천상에서 지상으로 끌어내렸다'고 평가되는 마키아벨리Machiavelli, Niccoló, 1469~1527에 의해 확고해졌다. 근대 정치학의 시조로 평가되고 있는 그는 역사를 통해 정치권력을 설명했고 이후 홉스, 로크, 루소, 칸트 등으로 이어졌다.

19세기 이후 영국에서는 경험주의 이론에 입각한 공리주의utility의 벤담, 밀이 등장해 현실 정치에 대한 개혁안을 제시했다. 한편 독일은 옐리네크Jellinek, Georg와 블룬칠리Johann Kaspar Bluntschli 등이 법학적 정치학을 확립했는데, 이후 제도학파制度學派로 연결되었다.

우리나라 정치의 역사

조선의 통치이념인 성리학은 정치에 많은 영향을 끼쳤다. 성인聖人의 경지에 오른 군주, 성리학을 충분히 학습한 신하, 군역의 의무와 향촌의 윤리를 성실히 수행하는 백성이 어우러져 조화를 이루는 대동사회大同社會가 성리학이 지향하는 정치이념이었다.

다산 정약용은 대동사회의 이념을 좌지우지하는 것은 인간의 성性이라고 규정했다. 성은 선을 추구하고 악을 지양하며 육체적이고 감각적인 것을 부끄러워하는 본성으로, 윤리적 평가의 대상이 된다. 그렇기에 인간은 개개의 도덕성과 자각을 가진 주체로서 국가가 제시한 법과 제도를 지켜야 한다.

8.15 광복과 동시에 우리나라는 사람, 관계, 의리 등을 강조하던 성리학의 영향 속에서 제도, 법, 계약을 중시하는 서양의 민주주의를 받아들이게 되었다. 1948년 5월 10일 첫 번째 선거를 치른 후, 7월 17일에 헌법을 공포하고 8월 15일에는 제1공화국을 수립했다.

이후 9차례의 헌법 개정과 2번의 군사 쿠데타가 있었다. 헌법 개정은 대부분 독재정권을 유지하기 위해 이루어졌다. 특히 대통령에게 권력을 집중시키는 내용으로 1972년 만들어진 유신헌법은 세계에서 유례를 찾을 수 없는 창피한 헌법이었다. 2번의 쿠데타는 반공反共을 내세워 1961년 5월 16일 박정희와 그의 지지자들이 일으킨 5·16 군사정변, 박정희 대통령 암살사건 이후 혼란한 틈을 타 전두환과 신군부가 일으킨 12·12 사태를 말한다. 쿠데타 이후 대통령이 된 박정희는 18년 동안 독재정치를 실시했고, 전두환 역시 5·18 광주 민주화운동을 무력으로 유혈진압하고 대통령에 올랐다.

1987년 4월 13일에는 국민들이 원하던 직선제 개헌논의를 막는 '4·13 호헌 조치'가 공포되었다. 이에 항의하는 시위가 연일 계속되었으며, 박종철 고문치사사건이 조작·은폐되었다는 사실

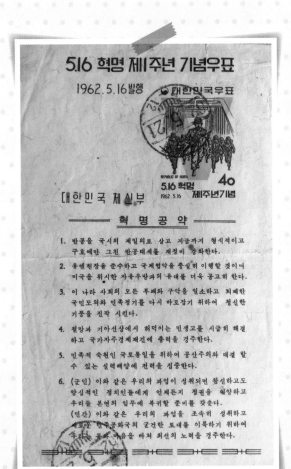

5.16 군사정변 관련 자료

헌법은 지금까지 9차례의 개정이 있었다.
헌법 개정은 대부분 독재정권을 유지하기 위해 이루어졌다.

이 밝혀진 후 시위는 전국으로 확대되었다. 방관자적 자세를 취했던 시민과 학생들도 시위에 적극적으로 참여했다.

이렇게 시작된 6월 민주화운동은 더 이상 진압할 수 없는 상황에 이르렀고 결국 6월 29일 민정당 대통령 후보였던 노태우가 직선제 개헌을 주요 내용으로 하는 '6 · 29 선언'을 발표함으로써 일단락되었다. 국민이 직접 대통령을 뽑는 선거는 1987년에 시작되어 지금까지 이어지고 있으며, 8명의 대통령이 선출되었다.

홉스, 로크, 루소의 사회계약설

사회계약설이란 사회와 국가의 성립은 자유롭고 평등하며 이성적인 개인 간의 자발적인 동의와 계약에서 시작된다는 정치사회 이론을 말한다. 사회계약론은 홉스, 로크, 루소로 이어지면서 17세기 중엽부터 18세기 후반까지 유럽 정치사회 사상의 큰 축을 담당했다.

영국의 철학자 토머스 홉스Thomas Hobbes, 1588~1679는 '만인의 만인에 대한 전쟁'the war of all against all이라는 말을 남겼다. 만약 인간을 자신의 이익을 위해 원하는 모든 것을 다 할 수 있게 한다면, 즉 자연 상태the state of nature 아래 살게 한다면 전쟁과 살육이 끊임없이 이어져서 목숨을 지키는 것조차도 힘들어지고 모두가 불행해지는 상태가 된다는 말이다.

이에 대한 해결책으로 홉스는 강력한 국가 모델인 '리바이어던Leviathan'을 제시했다. 리바이어던만이 인간의 끊임없는 욕망과 무질서한 행위를 막을 수 있다는 것이다.

리바이어던은《성경》욥기 41장에 나오는 바다 괴물로, 인간의 힘을 초월하는 강한 생명체를 뜻한다. 홉스는 국가를 이 바다 괴물에 비유했다. 각각의 개인은 자신의 안전과 생존을 위해 만들어낸 국가와 계약을 맺어 권리와 자유를 양도하는 대신 보호를 받기로 한 것이다. 권력과 통치권을 위임받은 국가는 강력한 통제로 평화와 질서를 만들고, 개인은 국가에 절대복종해야 한다.

그러나 무조건 복종하는 것은 아니다. 국가의 절대권력은 그 자체로 목적이 되지는 못하기 때문이다. 국가가 절대권력을 가지는 이유는 국민의 생명을 지키기 위해서다. 또한 자유의 양도와 복종의 목적은 자신의 생명을 지키기 위한 것이다. 홉스는 '자기보존self preservation'의 권리만큼은 양도가 불가능하고 국가가 부당하게 이를 침해하면 국민은 저항권을 가질 수 있다고 주장했다. 정당한 저항권의 행사는 자기보존에 피해가 되는 국가의 권력사용에 대해 불복종하는 것이다.

홉스는 전쟁 시기에 태어났고 일평생 불안정한 시대 상황 속에서 생명의 위협을 겪으며 살았다. 그렇기에 그의 삶 자체가 생명을 보존하는 투쟁이었다고 할 수 있다. 이런 홉스에게 평화와 사회·정치체제의 안정은 가장 중요한 가치였으며, 질서와 안전이 확보되어 자기보존을 보장받는다면 자유의 제한과 제도적 억압은 당연한 대가라 여겼다.

1632년 영국에서 태어난 존 로크John Locke는 명예혁명 즈음의 정치적 격변기를 살았다. 그는 시민들의 권리를 옹호하는 입장이었는데, 이는 휘그당의 강력한 정치가인 샤프츠베리Shaftesbury의 영향을 받은 것이었다.

로크는 자연 상태를 자연법이 보장하는 생명·신체·재산에 대한 권리인 자연권을 가진 상태, 즉 완전한 자유의 상태라고 규정했다. 그는 자연 상태에서 개개인의 인간은 선하지도 악하지도 않고, 다른 사람의 권리와 자유, 평등을 침해하지 않으며 선의로 평화를 지킨다고 보았다. 이때 이성은 자신에게 주어진 신의 뜻을 이해하고 지키며 사는 데 꼭 필요하다.

로크는 인간이 자연법을 지킨다는 것은 신에게 부여받은 이성으로 스스로 판단한 것을 따르는 것이기에 개개인의 주관적 해석이 개입할 여지가 다분하다고 주장했다. 모든 개인이 가진 평

존 로크
로크는 자연 상태에서 개개인의 인간은 선하지도 악하지도 않고,
다른 사람의 권리와 자유, 평등을 침해하지 않으며
선의로 평화를 지킨다고 보았다.

등한 권리와, 재산 보장에 대한 불확실성과 불안함으로 상호 간의 권리를 인정하는 합의가 도출되어, 사회적 · 합법적 · 수평적 정치 사회인 국가를 건설하기로 계약을 맺게 된다는 것이다.

로크는 사회계약으로 세워진 국가 내에서의 입법권자나 집행권자가 갖는 권력은 결코 절대적이지 않으며, 이 권력은 개개인의 동의에 의해서 주어진 것이라고 주장했다. 그렇기에 개인은 기본권을 국가에 위임한 것이고 개개인이 법을 지키는 것은 스스로에 대한 복종과 다름없다고 보았다.

만약 국가나 정부가 보호자가 아니라 지배자로 권력을 남용할 경우 국민은 지지를 철회하고 저항권을 행사할 권리를 갖고 있다는 것이다.

무소불위의 권력을 휘두르던 절대왕정 시대에, 모든 인간의 자유와 평등, 권리가 보장되고 한발 더 나아가 모두의 합의로 나라를 수립한다는 로크의 주장은 획기적이다 못해 도전적이고 도발적이었다. 그의 사상은 미국의 독립과 프랑스 혁명에 큰 영향을 주었다.

장 자크 루소Jean-Jacques Rousseau의 생애는 프랑스의 전제군주 루이 15세의 집권기간과 거의 일치한다. 당시 프랑스는 절대왕정의 시대였고 사회 · 경제적 불평등이 심해 시민은 노예와 같은 대접을 받고 있었다.

그럼에도 상업과 무역을 통해 국부를 늘이고자 실시한 중상주의 정책은 새로운 계급인 부르주아bourgeoisie에게 막대한 부를 안겨 주었다. 루소는 권력과 부를 가진 자보다는 보통사람, 즉 인민을 소중하게 여겼고 그들에게서 희망을 찾았다. 또 인간이 자유를 만끽하는 세상을 지향했다.

루소는 국가와 제도가 생겨나기 전의 역사적 가상 상태를 자연 상태라고 설정했다. 그러나 자연 상태에 대한 견해는 홉스와 완전히 달랐다. 루소는 개개인이 땀 흘려 열심히 그러나 절대 과하지 않게 일하며, 적당한 양의 음식을 먹고, 적당한 필요를 채우며 모두 행복하게 사는 평화로운 상태를 자연 상태로 규정했다.

인간은 본디 선한 본성을 가지고 있으며, 한가로운 공상을 즐기고, 같은 언어를 사용한다. 또 작은 마을 공동체 안에 살지만, 남의 일에 간섭하지도 남과 비교하지 않는다. 오직 자기 자신과 자기 일에만 집중하며, 독자적이며 주체적인 삶을 살아간다는 것이다.

루소는 인간이 이러한 삶을 유지하고 안전하게 살기 위해 사회계약을 맺고 사회를 만든다고 보았다. 그런데 만들어진 사회에서는 개인의 소유, 즉 사유재산이 생겼고 이를 지키기 위한 개개인의 권리와 의무가 생성되었다. 경제적 불평등 앞에서 '만인에 만인의 투쟁'은 생겨날 수밖에 없었으며 사람과 사람 사이, 계급과 계급 사이 갈등과 경쟁이 심해지는 정치적 불평등까지 초래했다. 사회불안과 혼란은 커져만 갔다.

루소는 이러한 사회적 현실을 바꾸고 싶었다. 모두가 행복했던 자연 상태로 돌아가는 것이 최선이라 여겼다. 여기서 루소의 '자연으로 돌아가자return to nature'라는 유명한 말이 유래한 것이다. 여기서 자연nature은 '본질의 상태'를 뜻한다. 자연 상태에서 인간은 선한 본성 그대로 순박하고 단순하게 살 수 있다. 루소는 무심한 듯 무던하게 자기 일을 하고, 넉넉한 휴식과 여유를 즐기며 살았던 인간의 본질적인 모습과 삶의 방식으로 돌아가자고 주장한 것이다.

하지만 자연 상태로 돌아가는 것이 불가능하다는 걸 인식한 루소는 대안으로 전혀 다른 사회계약을 제시했다. 모든 사람이 결합하되 누구도 억지로 복종할 필요 없고 강제로 구속받지 않는 새로운 내용의 사회계약은 자유를 보장하고 신체와 재산을 지켜주는 것이 목적이었다.

이를 위해 정치공동체를 설립하고 운영하는데, 모든 의사결정과 집행은 일반의지general will에 근거해서 이루어져야 한다. 일반의지는 모든 개개인이 가지고 있는 선한 마음이며 자유와 평등을 소원하는 공통된 마음이다. 그렇기에 일반의지에 기초한 사회계약에서 국가와 법은 일반의지를 실현하기 위한 수단이 된다. 주권은 오직 국민에게만 있고 국가 권력 행위의 모든 근원은 국

민의 일반의지에 달려 있다. 국가는 대리인으로 일반의지를 실현하기 위해 일하고 일반의지에 따라 만들어진 법을 집행할 뿐이다. 목적이 아닌 실현 수단인 법은 모든 국민의 의사인 일반의지를 반영해 제정되었다.

칸트의 트라이앵글

민주주의 국가 사이에서는 전쟁이 흔하지 않을 것이라는 이론적 예측은 200년도 더 거슬러 올라간 1795년에 출간된 칸트의 《영구평화론Perpetual Peace》에서 살펴볼 수 있다. 임마누엘 칸트Immanuel Kant, 1724~1804는 인민의 자유와 그들의 동의를 기초로 하지만, 훈련된 정치 엘리트가 인민을 대신해 통치하는 반독재 공화제republic 정치체제가 생겨나고 전 세계로 확산해 국제평화를 이루는 초석이 될 것이라고 주장했다.

그는 오늘날 대의민주주의인 자유주의 공화제, 오늘날 국제무역을 의미하는 공화제 국가 간의 자유로운 왕래와 교류, 이들이 함께 모여 만들어 갈 자유주의 국가연합, 즉 오늘날의 국제기구가 궁극적으로 인류 역사가 나아갈 방향이라 주장했다. 그러면서 세 가지 요소는 자유주의 국가 간의 영구적 평화를 가능하게 할 것이라 예언했다.

칸트의 주장이 놀라운 건 민주주의 국가가 하나도 없었던 시대에 민주공화국의 출현과 확산 그리고 평화로운 국제관계를 예측했다는 점이다. 해마다 각국의 민주주의 정도를 측정하는 폴리티 프로젝트The Polity Project에서 발표한 그래프를 보면 시간이 흐르면서 민주주의 국가 수가 전반적으로 우상향하면서 증가했다는 것을 알 수 있다. 전제주의 국가의 수는 두 차례의 세계대전 이후 가파르게 증가하다가 1980년대 말과 1990년대 초 소련 붕괴와 독일통일을 기점으로 한 냉전의 종말과 함께 확연히 줄어들었다. 민주주의도 전제주의도 아닌, 아노크라시anocracy는 매우 심각한 정치체제의 혼돈과 정치적 혼란을 겪고 있는 국가들을 말한다.

국제무역의 추이는 더 놀랍다. 1950년을 기점으로 해마다 기하급수적인 증가세를 나타내고 있다. 2010년대를 기점으로 증가세는 주춤한 모습이지만, 이는 어느 정도 적정수준에 도달했을 가능성을 보여준다. 1850년 이후 꾸준히 증가하던 국제기구는 1950년을 전후로 해서 2000년 전후까지 급속도로 늘어났다. 세상은 이렇게 칸트가 말한 모습대로 변해 왔다.

전 세계 통치체제의 변화(1800~2017)

베버의 《직업으로서의 정치》

'현대 사회학의 아버지'라 불리는 독일의 정치·사회학자 막스 베버Max Weber, 1864~1920는 정치인이 갖추어야 할 덕목과 자질을 자세히 설명하기 위해《직업으로서의 정치》라는 책을 펴냈다. 뮌헨 대학에서 강의했던 내용을 정리한 이 책에서 베버는 국가를 독립적이고 합법적인 폭력 독점체로 규정했다. 또 관료제를 분석해 근대 국가조직은 합리적인 권위에 기반을 두고 있다고 했는데, 이는 현대 정치과학 연구의 근간이 되었다.

《직업으로서의 정치》는 오늘날에도 정치인이 반드시 읽어야 하는 필독서로 손꼽히는 책이다. 베버는 열정, 책임감, 통찰력을 정치인의 세 가지 자질이라고 강조했다.

첫째, 열정은 정치인이 대표하고자 하는 사람과 사상, 가치에 대한 헌신을 의미한다. 이는 정치인의 신념을 말하는 것으로, 이루고자 하는 목표에 대한 구체적인 실천까지 포괄하는 것이다. 둘째, 책임감이란 사람, 사상, 가치, 이익을 대표하는 정치인으로서 말하고 행하는 것뿐 아니라 결과에 대해서 책임을 다하려는 태도를 말한다. 셋째, 통찰력이란 열정과 책임 사이에 요구되는 균형감각을 말한다. 즉 내적인 침착함과 집중력으로 현실을 객관적으로 조망할 수 있는 능력이다.

정치인은 자기 자신뿐 아니라 사물과 사람, 자기중심적이고 편협한 감정과 생각, 이해관계로부터 거리를 두고 주어진 상황과 다가올 미래를 통찰할 수 있어야 한다. 그런의미에서 이상과 현실 사이의 객관적 균형 감각이 요구된다. 정치적 이상과 목표가 아무리 크고 높다 해도 그것을 가능하게 하는 현실적인 수단과 환경적 제약을 제대로 고려하지 않고 무리하게 추진하는 것은 무책임한 일이다. 실패가 예견된 일에 자원과 시간, 에너지를 쏟는 것은 무의미한 낭비일 뿐 아니라 엄청난 기회비용을 유발하기 때문이다.

베버는 정치인의 객관성 결여와 무책임을 가장 치명적인 죄악으로 보았다. 그는 '선한 동기가 행위의 도덕성을 완성하지 않고 행위의 결과까지 이로워야 한다'고 말했는데, 이 점은 특히 정치인에게 요구되는 점이기도 하다. 정치인은 신념만을 강조한 채 현실적으로 이롭지도 않고 가능하지도 않은 일을 도모해서는 안 된다. 즉 지도자는 결코 실패할 정책을 추진하지 말아야 한다. 그 실패가 가져올 공동체에 대한 해악과 피해는 누구도 보상할 수 없기 때문이다.

미헬스의 과두제의 철칙

1876년 독일의 쾰른에서 태어난 로베르트 미헬스Robert Michels, 1876~1936는 사회주의에 관심이 많았다. 그는 아무리 민주적인 조직이라도 규모가 크고 복잡해지면 소수의 엘리트에 의한 지배가 이루어질 수밖에 없다고 주장했다. 일인독재, 일당독재, 공산독재, 군부독재, 관료제 등 모든 조직은 엘리트의 관료화 · 집중화의 과정을 통해 과두제가 시행된다는 '과두제의 철칙Iron Law of Oligarchy'이란 이론을 제시했다. 이는 조직을 운영하는 데 있어 전략적 · 기술적 필요로 인해 소수 엘리트에게 권한이 위임되고, 이들이 주도적으로 조직을 운영하고 지배함을 뜻한다.

1911년《정치사회학》에서 미헬스는 어떤 조직이든 효율적인 운영을 위해서는 행정관료와 같은 소수 엘리트가 일을 추진하기 마련인데, 이들은 조직을 위한다는 미명 아래 점차 조직의 권력을 장악하는 주체로 성장한다고 보았다. 또 조직정보에 대한 구성원들의 접근을 통제해 의사결정에 대한 무관심을 끌어내기 때문에 결국 소수의 선택받은 사람만이 정치에 입문할 수 있고 이 소수가 전체 사회를 통치하게 된다고 주장했다. 이는 오늘날 대의민주주의가 직면한 위험이기도 하다.

루소도 미헬스의 과두제의 철칙이 전하는 메시지와 비슷한 주장을 했다. 그는 "인민은 투표할 때만 자유롭고 투표가 끝나면 다시 노예가 된다"라며 대의민주주의에 회의적이었다.

현재 대의민주주의 제도 아래 사는 우리나라의 유권자는 루소와 미헬스의 경고를 깊이 새길 필요가 있다. 정치인들이 아무렇게나 하고 싶은 대로 하게 내버려 두어서는 안 되며 정치에 무관심하지 말고 정치인의 말과 행동을 감시하는 눈으로 주의 깊게 관찰해야 한다. 의견과 비판이 있다면 다양한 소통수단을 이용해 적극적으로 개진하고 투표에 꼭 참여해 실력이 떨어지고 성적이 좋지 않은 정치인을 퇴출하자. 모든 후보가 다 마음에 안 들어도, 그나마 낫거나 덜 나쁜 정치인을 뽑아야 한다. 덜 나쁜 것은 더 나쁜 것보다 항상 더 나은 법이기 때문이다.

권력분립은 왜 필요할까?

영토와 국민, 주권으로 이루어진 국가는 그 운영을 위해 정부를 두고 있다. 정부가 없는 국가는 사실상 존재하지 않는다. 정부는 영토, 국민, 주권에 이어 국가 구성의 네 번째 요소로 여겨지기도 한다. 그러나 국가 없이 영토만 있거나 국민이나 주권만 있는 경우는 없기에 정부는 국가를 통치하고 운영하는 수단으로 보는 게 타당하다. 즉 정부는 국가로부터 권력을 위임받은 통치기관 governing agency이자 운영기관managing agency이다.

넓은 의미로 정부는 행정부, 입법부, 사법부 등 모든 국가기관을 포괄하는 국가통치기구를 의미한다. 이러한 의미로 쓰이는 정부는 영어로 'government'이다. 좁은 의미로는 정부의 집행부인 행정부만을 뜻한다. 이때의 정부는 영어로 executive이다. 맥락에 따라 편하게 써도 무방하겠지만, 명확한 구분이 필요할 때는 '정부'와 '행정부'를 구별해 써야 한다.

정부는 주권자인 국민으로부터 권력을 위임받아 국가를 통치한다. 정부는 실질적인 최고권력의 소유자이자 행사자이다. 누구든 정부를 장악하게 되면 못할 게 없는 무소불위의 권력자가 된다. 따라서 정부를 주요 기능에 따라 나누고 권력을 분산해 서로 견제하며 균형 있게 운용하는 것이 중요하다.

이러한 취지에서 나온 것이 '권력분립separation of power 원칙'이다. 오늘날의 많은 국가는 정부를 행정부, 입법부, 사법부로 나누고 기능과 권력을 분산시킨다. 이 세 기관은 원칙상 독립되고 동등하다. 서로를 감시하고 견제해 어느 한쪽에 권력이 집중되거나 남용되는 것을 막는다. 이러한 권력분립의 순기능을 '힘의 견제와 균형checks and balances of power'이라 부른다.

행정부

행정부는 법에 따라 국가의 살림을 도맡아 하고 법을 집행하는 일을 담당한다. 사회질서와 안전을 지키는 교통, 소방, 국방, 경찰 등의 업무가 행정부에 속한다. 도로, 항만, 공항, 도서관, 박물관, 수도와 같은 공공시설을 만들고 운영하는 것도 행정부의 일이다. 노인, 장애인, 임산부, 저소득층, 실업자 등 사회적 약자를 돕고 보호하는 일도 행정부 소관이다. 행정부는 또한 국가의 현재와 미래를 위해 교육, 과학기술, 복지, 경제 등에 관한 정책과 계획을 세우고 실천한다.

우리나라 행정부의 우두머리는 대통령이다. 대통령은 국무총리, 국무위원, 각 부서의 장관, 공무원의 임면권을 가지며, 정부의 각 부서를 통합해 다스리는 통할권을 갖는다. 또 위임명령 및 집행명령 제정권, 긴급재정·경제처분 및 명령권, 국군통수권, 계엄선포권 등을 가진다. 우리나라의 대통령은 국민의 직접투표로 선출되며 5년 임기 후 다시 대통령이 될 수 없다.

입법부

입법부(legislature)는 나라의 법을 만들고 수정·폐기하는 정부기관이다. 법을 만드는 것이 주요 기능이어서 일반적으로 '국회'를 입법부라 여긴다. 국회는 국민의 의사를 반영해 법률을 제정하고, 국정에 관여하고, 정부를 견제하고 감시하는 기능을 수행한다. 주권자인 국민을 대표하기 때문에 국회는 국가 최고기관(the supreme organ of state power)이며 국회의원은 국민의 대표(representative)가 된다.

우리나라 국회의원 수는 300명이다. 국회의원에게는 국정 수행을 도와주는 보좌진이 있고, 이들의 임금은 나라의 세금으로 전액 지원된다. 국회의원은 국민의 직접투표로 선출되며 임기는 4년이다. 될 수만 있으면 선거를 통해 횟수에 제한 없이 연속해서 국회의원이 될 수 있다. 1961년 제5대부터 1996년 제15대까지 9선 의원을 역임한 박준규가 우리나라에서 가장 많이 당선된 국회의원이다.

국회는 법률 제정권·개정권, 조약체결·비준에 대한 동의권, 예산심의 확정권, 결산심사권, 국무총리 임명 동의권, 국무총리·국무위원 국회 출석 요구권 및 질문권, 국정감사 및 국정 조사권, 대통령·국무위원·행정 각부의 장·기타 법률이 정한 공무원에 대한 탄핵소추권 등을 행사할 수 있다.

사법부

사법부(judiciary)는 법을 해석하고 판단해 적용하는 정부기관이다. 입법부가 법

을 만들고, 행정부는 법을 집행하고, 사법부는 법을 판단한다. 국가의 권력으로 사람 사이, 집단 사이, 사람과 집단 사이 일어나는 분쟁을 해결하고 국가의 질서를 유지하는 것이 사법부의 기능이다. 우리나라 사법부는 우리나라 최고법원인 대법원과 고등법원, 특허법원, 지방법원, 가정법원, 행정법원 등의 각급 법원으로 조직되어 있다.

봉건시대나 왕정시대에는 사법부와 행정부 사이의 구별이 명확하지 않았다. 왕이나 봉건영주, 지방 수령 등이 직접 판결하거나 사법을 담당하는 기관을 지휘·감독했다. 그러다 보니 공정한 재판과 판결이 보장되지 않았고, 법 해석과 판단이 권력자의 이해관계에 따라 좌지우지되었다.

현대 민주주의 사회에서는 사법권의 독립을 보장한다. 사법권은 국민의 자유와 기본권을 수호하기 위한 것이다. 따라서 모든 권력으로부터 영향을 받지 않고 독립적으로 존재해야 한다. 우리나라에서는 사법부의 독립을 보장하기 위해 재판을 하고 판결하는 법관의 독립과 신분도 보장된다. 법관은 헌법과 법률에 근거해서 자기 양심에 따라 심판하고 심판 결과로 인해 불이익을 받지 않는다. 탄핵 또는 범죄로 인한 형벌이 아니고서는 법관의 신분과 지위를 잃지 않는다.

3

정치학에서
관심 갖는 주제들

권력 : 타인에 대한 영향력

권력은 힘이라 바꾸어 말할 수 있다. 권력과 힘, 모두 영어로는 power라는 단어로 표현한다. 정치학에서 힘은 남의 행동을 바꿀 수 있는 능력, 즉 남에 대한 영향력the ability to influence이다. 누군가에 영향력이 있다는 것은 다른 사람에게 하지 않을 것을 하게 만드는 것을 뜻한다. 이것을 '적극적 영향력positive influence'이라 한다. 반대로 다른 사람에게 했을 일을 하지 않게 만드는 것을 '소극적 영향력negative influence'이라 한다. 사실 모든 인간관계에는 권력관계가 있고 정치행위가 일어난다고 할 수 있다.

가정이나 학교의 교육, 규율, 통제가 없다면 살아가는 데 꼭 필요한 것을 제대로 배우지 못한다. 어른이 되어서도 올바로 생각하고 선택할 수 없어 독립적이고 주체적인 인격체로 살아가기 힘들게 된다. 당장은 불편하고 귀찮아도 부모님과 선생님의 영향력 아래 지식을 배우고 규율을 받아들이며 사는 법을 배우는 것이 자신의 삶을 제대로 정치하게 되는 것이다.

우리나라 국민이라면 누구나 근로 · 납세 · 교육 · 근로 · 환경보전 · 공공복리에 적합한 재산권 행사 등의 의무가 있다. 이 중 납세 · 국방 · 교육 · 근로의 의무를 4대 의무라고 한다. 우리 국민 모두는 국가가 부여한 의무를 다하고 국가로부터 안전과 질서를 보장받는다. 예를 들어 군대에 가고 싶지 않아도 국가공동체의 일원으로서 국방의 의무를 회피해서는 안 되며, 번 만큼 성실히 세금을 내야하고, 최소한 초등학교 교육은 받아야 한다.

이것은 국가권력이 국민에게 미치는 영향력 때문에 가능하다. 외부의 위협과 침략으로부터 국가공동체를 지키고 보호하는 것은 모두를 이롭게 하는 공공선public good의 이익이다. 따라서 국가가 국민에게 명령하고 강제하는 의무를 국민이 충분히 납득할 만하다고 받아들였을 때 이는 국가의 정당한 권력행사가 된다. 정치의 순기능인 '희소가치의 권위적 배분'이 국가와 국민에 의해 이루어진 것이다.

국방의 의무
국방의 의무는 국민의 4대 의무 중 하나이다.

권력에는 두 가지 형태가 있다. 하나는 하드파워hard power이고 다른 하나는 소프트파워soft power이다. 하드파워와 소프트파워는 상호보완적이다.

먼저 하드파워는 말 그대로 딱딱하고 단단한 느낌의, 우리가 흔히 생각하는 물질적이고 물리적인 힘 혹은 그 힘의 원천을 이루고 있는 자원을 말한다. 여러분 주변에 힘이 세거나 몸 쓰는 기술이 뛰어난 친구가 있다면 함부로 대하지 못할 것이다. 그렇기에 그 친구는 친구들 사이에서 은근한 우위를 누릴 수 있다. 힘이나 운동능력뿐만 아니라 집안의 권력이나 재력도 다른 사람과의 관계에서 유리하게 작용하는 하드파워다.

국가 차원에서는 다른 나라의 침공을 막고 필요하면 다른 나라를 무력으로 제압할 수 있는 군사력이 대표적인 하드파워다. 군사력을 뒷받침하는 경제력과 자연자원, 많은 인구도 하드파워의 중요 요소다. 하드파워는 강제적 영향력을 행사하는 데 쓰인다.

소프트파워는 비물리적이고 비물질적인 힘이다. 상대방을 끄는 '매력attraction'으로 누군가를 자발적으로 따르게 만드는 힘이다. 가진 힘이 무섭거나 보복이 두려워서가 아니라 누군가가 정말 좋아서 그를 따르거나 그가 원하는 방향으로 행동하는 것이다. 주변을 살펴보면 특별히 인기 있는 친구가 있다. 다들 그 친구와 친해지고 싶어하고, 따라 하려고 한다. 이런 힘이 소프트파워다.

정의 : 옳은 정치의 기준

정치는 사회구성원의 대립과 갈등을 사회의 이익과 가치에 맞게 조정하는 역할을 한다. 이때 기준으로 작용하는 것이 정의다. 개인의 덕목으로 시작된 정의는 사회가 복잡해지고 사람들 사이의 갈등이 심해지면서 사회적 개념으로 발전했다. 즉 사회구성원 모두가 옳다고 생각하며 동의하는 기준으로 자리 잡은 것이다.

정의는 영어로 justice이다. 이는 두 눈을 가리고 한 손에는 칼을, 다른 한 손에는 저울을 들고 있는 그리스 정의의 여신 디케에서 유래했다. 로마로 전해진 디케는 유스티티아Justitia로 바뀌었고, 이는 justice의 어원이 되었다. 여신의 이름에서 정의가 유래되었다는 것은 정의의 개념과 실현이 인간의 능력으로 규정되거나 통제될 수 없음을 전제한 것이라 볼 수 있다.

이것은 동양에서도 마찬가지였다. 정의는 한자로 正義라 쓴다. '바르고 옳은 것'이라는 뜻이다. 義옳을 의는 양을 뜻하는 羊양양과 나를 의미하는 我나아가 합쳐진 글자로, 나를 대신해 양을 바치면서 하늘에 경건함을 표현한다는 뜻이 있다. 즉 하늘의 뜻에 따르겠다는 의미다. 맹자는 '의'를 하늘의 마음인 天心천심의 결과이자, 개인의 이익과 가치인 利이로울 리의 반대 개념이라고 주장했다. 또한 개인이 정당하다고 여기는 이익과 하늘의 뜻에 맞는 정의는 다르기에 다수의 의견을 따라야 한다며 '민심은 곧 천심' 이라고 했다. 현대의 민주주의의 대중동의public consent 원리와 매우 비슷하다.

그렇다면 개개인의 이익추구로 가치관이 충돌할 수밖에 없는 사회에서 정의의 기준은 무엇일까?

공리주의자인 벤담은 '정의의 기준은 행복'이라고 주장했다. 사회구성원 모두의 행복을 합한 것이 사회 전체의 이익이 된다면 국가와 사회 전체를 위해 개인의 권리와 이익은 희생될 수 있다는 것이다. 사회적 이익의 합에서 사회적 손실의 합을 뺐을 때 남는 공리가 정의의 기준이 되는 행복이라고 본 것이다. 그렇지만 벤담이 주장한 '최대다수의 최대행복'은 독재자들에게 악용되어 헌법이 보장하는 기본권조차 무시되는 결과를 초래하고 말았다.

로크는 정의의 기준을 '자유'라고 보았다. 전제군주의 횡포가 정당화된 절대왕정 시대에 사회계약론으로 개인의 자유와 평등을 주장했던 그가 개인의 자유가 정의의 가장 옳은 기준이라고 보는 건 당연하다. 그러나 사회구성원 모두의 자유를 보장하기 위해서는 국가 권력의 개입이 필요하다. 사회적으로 수용하고 인정할 수 있는 기준, 즉 개인의 자유를 넘어서는 기준이 존재하고 이를 지켜야 하기 때문이다. 오늘날 대부분의 국가나 사회는 법

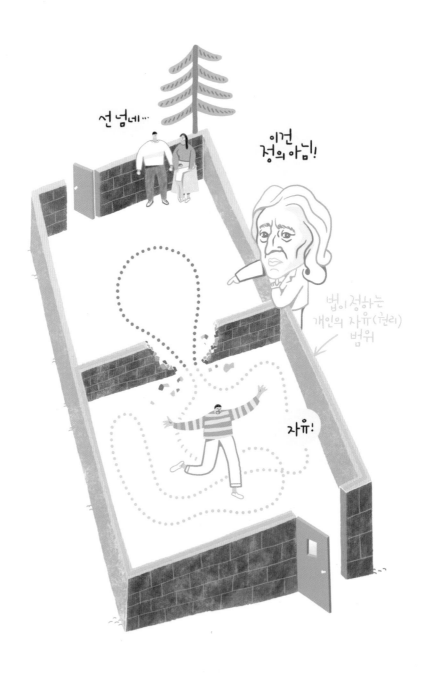

이 보장하는 권리로서의 자유만을 정의의 기준으로 인정한다.

1970년 존 롤스John Rawls는 저서 《정의론》을 통해 정의의 기준은 '공정성'이라고 제시했다. 그는 미리 정해진 것이 없는 공평한 상황에서의 경쟁과 이에 대한 번복이 없는 것을 공정성이라 규정했고, 여기에 기회의 공정성까지 확보되었을 때 그 결과는 정의로운 것이라고 보았다. 롤스는 정의의 원칙은 국가나 사회를 새로 만들기로 한 원초 상태에서 출발하며, 자신과 다른 사람에 대한 정보가 없어 결과를 알 수 없는 무지의 베일에 가려진 상태에서 합의된다고 보았다.

그는 정의가 기회균등의 원칙, 차등의 원칙, 자유원리에 의해 합의되고 실현되며, 이 원칙들이 인류의 보편적 정의의 기준이라고 여겼다. 하지만 이러한 롤스의 주장을 마이클 샌델Michael Sandel은 1982년 《자유주의와 정의의 한계》라는 책에서 비판했다. 시대나 사회를 초월한 보편타당하고 불변하는 절대적 정의의 기준은 찾기 어렵기 때문이다.

자유 : 책임이 따르는 권리

자유는 외적인 간섭이나 구속 없이 자신의 의지에 따라 판단하고 선택해 행동할 수 있는 상태를 말한다. 자유는 자신의 목표가 있고, 이를 실천할 능력이 있을 때 의미가 있다. 그렇기에 다른 사람의 자유와 충돌하는 경우가 생기므로 존 스튜어트 밀은 《자유론》에서 다른 사람의 자유를 존중해야 하며 자신의 자유를 앞세워 마음대로 행동해서는 안 된다고 경고했다. 정치학에서는 개개인이 자유를 누릴 수 있는 자격을 갖는 사회·정치적 측면에서 자유에 접근한다.

자유는 법률적 자유와 정치적 자유, 경제적·사회적 자유로 나눌 수 있다.

먼저 법률적 자유는 외부의 간섭과 제약이 없는 상태로, 국가로부터의 자유freedom from state를 뜻한다. 법률적 자유는 근대 이후 사회구성원의 자유가 법으로 보장되면서 주어진 것이기에 '소극적 자유'라 불리기도 한다. 여기에는 보통 신체의 자유, 거주 이전의 자유, 직업의 자유, 재산의 소유·처분의 자유, 계약의 자유, 언론·출판·결사의 자유 등이 속한다.

정치적 자유는 개개인의 자유의지에 따라 모든 것을 스스로 결정하고 행동에 옮길 수 있는 상태로, 국가에의 자유freedom to state를 뜻한다. 더불어 사는 공동체 안에서의 자아실현을 목적으로 하는 정치적 자유는 개개인의 행동에 대해 규제하고 자유를 구속하기도 한다.

루소를 비롯한 공동체주의자들은 자신이 지킬 법과 규범을 국민이 스스로 정할 때만이 자유의 자기 지배가 가능해진다고 보았다. 그렇기에 모두와 관련된 것은 모두에 의해 참정권과 사회권이 보장되어야 한다. 또한 공정한 재판, 선거권 및 피선거권을 요구하며 정치에 참여할 수 있어야 한다. 정치적 자유는 적극적으로 국민이 주권을 행사하는 것이 관건이어서 '적극적 자유'라 부르기도 한다.

경제적 · 사회적 자유는 자본주의 경제체제의 모순이 드러나면서 부각되었다. 부익부 빈익빈이 심해지고 실업과 기아가 넘쳐나는 상황이 되자 부의 재분배에 대한 주장이 생겨났다. 사람으로 살기 위한 최소한의 조건을 충족시켜 주는 정도의 조건적 평등이 이루어져야 경제적 · 사회적 자유가 보장될 수 있다.

오늘날 법률 · 정치 · 경제 · 사회적 자유가 현실적으로 만들어져 있는 것이 선진국의 복지 체제다.

평등 : 민주주의의 중심 개념

'각자의 몫은 각자에게로'라는 라틴어 격언에서 알 수 있듯이 로마 시대에는 평등의 개념이 발전했다. 이는 기독교를 받아들이

면서 가능해졌는데, 아이러니하게 기독교가 통치이념이었던 유럽의 중세는 평등의 암흑기였다. 평등의 개념은 르네상스와 종교개혁을 거치고 시민혁명을 치르면서 점점 발전했다. 평등이란 인간의 존엄, 권리, 가치, 행복 등이 차별 없이 동등한 상태를 말한다. 이때 모두에게 공평하기 위해서는 같은 것은 같게 다른 것은 다르게 대하는 것이 중요하다.

현대사회에서는 재산의 불평등, 즉 경제적 불평등을 줄이는 노력이 평등 사회를 위해 꼭 필요하다. 마르크스와 엥겔스는 최상위의 부유층과 최하위의 빈곤층을 없애고 중산층을 늘리는 것을 재산의 평등이라고 보았다. 이들은 사회구성원 모두가 생산에 참여하고, 공동으로 분배·소유하는 사회주의를 주장했다. 1917년 러시아에는 사회주의 사상을 실현한 소련소비에트사회주의공화국연방이 세워졌고, 다른 민주주의 국가에서는 복지라는 개념으로 정착했다. 그러나 여전히 경제적 불평등은 세계 곳곳에 남아 있다.

평등은 절대적 평등과 상대적 평등, 인격적 평등, 사회적 평등으로 구분할 수 있다.

절대적 평등은 모든 것을 동등하게 대하는 방식으로 형식적 평등, 산술적 평등, 평균적 평등이라고도 한다. 우연적이거나 개별적인 요소 같은 자연적 차이는 인정하지만, 인위적이고 사회적인 차별은 어떠한 경우에도 발생하면 안 된다는 개념이다. 사회

민주주의의 중심 개념, 평등

평등이란 인간의 존엄, 권리, 가치, 행복 등이 차별 없이 동등한 상태를 말한다.
이때 모두에게 공평하기 위해서는 같은 것은 같게
다른 것은 다르게 대우하는 것이 중요하다.

구성원은 법 앞에 모두 평등하고 동등한 선거권을 부여받는다. 하지만 절대적 평등은 소득분배, 즉 재산의 평등에 적용하기에는 문제가 있다. 같은 것도 같게, 다른 것도 같게 만들면 개인의 자유가 사라지는 부작용이 발생하기 때문이다.

상대적 평등은 같은 것은 같게 다른 것은 다르게 대하는 방식으로 개개인의 노력이나, 능력, 기여도, 업적에 따라 다르게 대우받는 평등을 말한다. 사회적 약자를 먼저 챙기는 복지제도나 고소득자나 불로소득자에 부과되는 누진세율 등 상대적 평등은 실질적인 불평등을 정당화할 소지가 있다. 상대적 평등은 비례적 평등, 배분적 평등, 실질적 평등이라고도 불리는데, 사회의 불평등을 시정하는 데는 한계가 있다

인격적 평등은 평등의 가장 기본적인 개념으로, 모든 인간은 다 같은 인간이기에 차이는 인정하나 차별은 불가하다는 개념이다. 인종, 민족 등의 차이와 정체성을 인정하고 사고방식, 생활양식, 문화와 전통 등을 존중하는 것이 진정한 인격적 평등이다. 즉 법적으로나 도덕적으로 인격은 모두 동등하다는 뜻이다. 인격적 평등은 민주주의 사회를 구성하는 기본 원리이자, 민주주의를 실천하고 완성하는 핵심요소다.

사회적 평등은 한 사회 안에서 평등이 실현되는 것으로, 가치배분의 문제로 이어진다. 근대에 시작된 인격적 평등이 자리를

잡은 현대사회에서 경제적 불평등은 심화되었고 이는 인격적 평등을 부인하는 상황으로 변질되었다. 자본주의의 발전으로 생활조건의 불평등이 만연한 상황에서 인격적 평등을 이룩하는 것은 정치적인 변화를 요구한다. 기회의 평등이 점점 사라지고 헌법에서 보장하는 자유와 평등이 경제적 불평등으로 인해 매몰되어 간다.

이러한 현상은 현재 우리 사회에서도 드러난다. 특히 임금노동자의 복지나 인권, 여성의 권리 등에 대한 인식은 아직도 갈 길이 멀다. 특정수준 이상의 경제생활을 하는 사람은 개개인이 평등하다고 생각할 수 있다. 하지만 실상은 모두가 평등한 것이 아니라 특정계층^{특히 경제적으로 취약한}보다 더한 평등함을 누리고 있을 수 있다는 것을 잊지 말아야 할 것이다.

참정권 : 민주주의의 꽃

선출직 정치인을 뽑는 권한을 가진 사람을 유권자^{voter} 혹은 선거권자^{selectorate}라 한다. 오늘날 민주주의 사회에서는 특정 연령^{우리나라의 경우 만 18세} 이상이고 그 나라의 국적을 가지고 있는 모든 국민에게 투표권을 부여한다. 성별과 종교, 집안, 학력, 학벌, 혈

통, 인종 등의 구별과 차별 없이 주어진다. 이렇듯 적정 연령 이상의 모든 시민에게 부여된 투표권을 보통 선거권universal suffrage이라 부른다. 여기서 '보통'은 모든 일반인에게 차별 없이 해당한다는 '보편'의 뜻이다.

이러한 보편적인 선거권 부여는 역사가 그리 길지 않다. 특히 여성의 선거권은 오랫동안 제한되어 왔다. 세계 최초로 여성에게 투표권이 주어진 것은 1819년 9월 13일 영국의 자치령이었던 뉴질랜드에서였다. 현대 민주주의의 대표국가라 할 수 있는 미국에서도 제대로 된 여성 투표권은 1920년 8월 18일에야 실시되었다. 1848년 2월 혁명 이후 모든 성인 남성에게 투표권이 주어진 프랑스에서도 거의 백 년만인 1944년에, 전 세계 사람들이 가장 살고 싶어 하는 나라인 스위스에서는 1971년이 되어서야 여성 투표권이 주어졌다.

물론 투표할 수 있는 권리인 선거권만으로 온전한 참정권political rights이 완성되지는 않는다. 선거권은 참정권의 두 개의 기둥 중 하나일 뿐이다. 다른 하나의 기둥은 선거에 후보로 나가 당선될 수 있는 권리인 피선거권electoral eligibility이다. 여성이 최초로 실제 선거에 나가 당선된 것은 1907년 핀란드에서였다. 이때 19명의 여성의원이 탄생했고 이들은 세계 최초의 여성의원이 되었다.

우리나라는 1948년 5월 10일 치러진 제헌 국회의원 선거에서 남녀 동등하게 선거권과 피선거권이 주어졌다. 최초의 민주적 선거로 국회의원 198명이 선출됐지만, 안타깝게도 여성은 단 한 명도 없었다. 첫 여성 국회의원은 이듬해인 1949년 보궐선거에서 탄생했다. 경북 안동(을) 선거구에서 당선된 임영신인데, 그녀는 대한민국 최초의 여성 장관이기도 했다.

오늘날 세계 대부분의 나라에서 최소한 법적으로는 보편적 참정권을 인정하고 있다. 진행과정이 순탄치 않고 많은 부침이 있었으나, 근대의 시민혁명 운동social movements and revolutions과 현대의 세계 민주화 물결the waves of democracy이 결국 인류 역사의 큰 변혁을 이루어냈기 때문이다.

21세기를 사는 우리는 투표할 수 있는 권리선거권와 선거에 나가 선택받을 수 있는 권리피선거권를 당연하다고 여기고 있다. 한 인간으로서 누려야 할 기본권basic rights의 문제이지만, 참정권을 얻기 위해서 오랜 시간 동안 많은 사람들의 열정과 헌신, 고통과 희생이 있었음을 기억해야 한다. 그런 의미에서 모든 투표에는 반드시 참여하도록 하자.

전제주의와 민주주의는
어떤 차이가 있을까?

오늘날 전 세계 모든 나라의 정치체제는 크게 두 가지로 분류할 수 있다. 하나는 '전제주의autocracy'이고 다른 하나는 '민주주의democracy'이다. 기준은 권력을 어떻게 소유하고 행사하는지 그리고 개인의 자유가 어떻게 보장받는지 혹은 제한되는지이다.

전제주의는 정권을 잡은 단일 개체가 국가의 모든 권력을 장악해 별다른 제한이나 구속 없이 국가 전체를 절대권력으로 통치하는 정치체제이다. 단 한 명의 군주이든 독재자이든 지배집단을 이룬 귀족이든 정당이든 상관이 없다. 절대권력을 장악한 누구라도 마음대로 국가를 운용할 수 있다. 정도의 차이는 있겠지만, 현재 여러 가지 형태의 전제주의 국가가 실재한다.

첫째, 일인독재personalist dictatorship 전제주의 국가는 국왕이 다스리는 군주국가monarchy다. 사우디아라비아와 북한이 대표적인 일인독재 국가다. 또한 싱가포르도 리콴유와 그의 아들이 리센룽이 1959년부터 지금까지 실질적으로 통치해 오고 있어, 일인독재 국가라 할 수 있다.

둘째, 하나의 정당이 절대권력을 휘두르는 일당독재single party dictatorship 국가

이명박 대통령과 만난 싱가포르 총리 리콴유

가 있다. 중국공산당이 통치하는 중화인민공화국, 즉 중국이 대표적이다. 입헌 군주제 국가인 일본은 특이한 경우다. 일본은 민주적 선거절차를 통해 의회를 구성하고 내각을 세우기는 하지만, 제2차 세계대전의 패전 이후 정권을 잡은 자민당이 지금까지 정치권력을 독점하고 있다. 1955년부터 약 70년 가까운 세월 동안 예외 없이 자민당의 정권장악이 이루어지고 있다는 면에서 일본도 사실상 일당독재 국가라 할 수 있다.

셋째, 특정계급이나 집단에 속한 소수의 사람이 지배계급을 이루어 절대권력을 행사하는 체제로, 이를 과두정^{oligarchy} 또는 과두제라고 한다. 귀족이 통치하는 귀족정, 부유한 계급·계층이 돈의 힘으로 지배하는 금권정, 군인들이 군사력을 바탕으로 통치하는 군부독재, 독점자본주의 아래에서 소수 금융자본가가 자본력에 의해 국가권력을 장악한 금융과두지배, 관료들이 특권층을 이루어 중앙집권적 지배를 하는 관료제 등이 모두 과두제 형태의 정치체제에 속한다.

4

정치인의
올바른 태도

자기중심적인 정치인

정치인은 문자 그대로 정치를 하는 사람이다. 그런데 정치는 우리가 날마다 일상에서 행하는 것이기에 정치인은 '정치를 직업으로 전념하는 사람'이라고 정확하게 규정지어야 한다. 즉 정당에 가입해 정치활동을 하고 선거에 당선되어 활동하거나 미래에 선출직에 진출하고자 희망하는 사람이 정치인이다.

정치인은 크게 세 가지의 이익을 추구하고 실현하고자 한다.

첫째는 개인의 이익, 둘째는 정당의 이익, 셋째는 국민과 국가를 위한 공익이다. 어떤 정치활동이든 이 세 가지 이익이 복합적으로 작용한다. 오직 국민과 국가만을 위한다는 경우도 있겠으나 정치인은 물질적인 욕구, 명예와 권위를 통한 인정을 채워야 하는 인간이기에 개인적 이익추구로부터 완전히 자유로울 수는 없다. 또 소속된 정당의 이익도 생각해야 한다. 속한 정당이 인지도가 높고 자금이 풍부하며 세력이 강해야 자신의 정치경력과 활동도 순조롭기 때문이다.

문제는 개인의 이익과 정당의 이익 그리고 국가의 이익이 서로 일치하지 않아 충돌할 때가 많다는 데 있다. 또한 국가의 이익을 추구한다고 할지라도 무엇이 국가의 이익인지 명확하지 않을 때가 많다. 이를 빌미로 사익을 위해 정치권력을 이용하고는 국익이라고 포장하는 경우가 다반사이고, 국익을 위해 최선을 다했으나 해가 되는 경우도 발생한다.

올바른 정치인이라면 각 이익이 서로 상충할 때 개인의 이익보다는 정당의 이익을, 정당의 이익보다는 국민과 국가를 위한 공익을 추구하고 실현하려 노력해야 한다. 또 어떤 정치적 선택과 정책이 국가에 도움이 되는지 철저하게 조사하고 검증한 후에 정견을 세우고 구체적인 정책을 추진해야 한다. 이때 가장 중요한 것은 공인으로서 개인 차원의 이기심을 극복하고 공익을 위해야 결정한다는 것이다.

정치인에게 가장 중요하고 공통된 희소가치는 누가 뭐래도

'힘', 즉 '권력'일 것이다. 정치권력을 얻어 영향력을 발휘하는 것이 정치인의 제1목표이자 과제이기 때문이다. 그래서 정치인에게 정치는 곧 권력투쟁struggle for power이라 할 수 있다.

정치권력은 사이좋게 나누어 가지기 힘들다. 내가 권력을 쟁취하면 상대방은 권력을 잃고 상대방이 쟁취하면 내가 잃게 되는 제로섬zero sum 게임의 성격이 강하다. 그렇기에 권력을 장악한 정치인은 그 권력을 계속 지켜나가는 것을 원한다. 선거를 통하든 쿠데타를 통하든 권력쟁취와 유지가 목표가 되는 경우가 다반사다. 물론 국익을 더 중요하게 생각하는 선의의 정치인도 당연히 있다. 하지만 우리의 예상보다 더 많을지는 모르겠다.

정치인에게 권력은 꼭 필요한 것이고 반드시 이루어야 할 목표다. 하지만 잘못하면 마약처럼 중독에 빠져 버린다. 자기 영향력과 통제 아래에 사회, 제도, 국가기관이 있기에 많은 사람을 지배하고 조정한다는 착각과 쾌감에 빠지기도 한다. 이를 항상 조심해야 한다. 정치인의 일반적 성향상 이런 위험에 더욱 취약하다.

정치인이란 직업은 사람을 상대하는 것이 기본이다. 사람을 많이 만나는 일은 내성적인 사람에겐 굉장히 피곤하고 힘들다. 따라서 정치인이라는 직업은 외향적이고 사교적이며 친화력이 있는 사람에게 적당하다. 특히 관심욕구와 자기 존재과시 욕구가 크다면 대중 앞에 나서 연설하고 정견을 발표하는 일이 즐거울

것이다.

정치는 영향력을 만들어내고 발휘하는 일이다. 상대방의 마음을 움직이려면 기본적인 지식과 소양이 있어야 하고 언변이 뛰어나야 한다. 또 정치는 그룹과 당파 간의 세력다툼이 필연적이고 치열하다. 정치인으로 살아남았다면 자기편을 만들어내고 하나로 조직화하는 능력이 뛰어났다는 것을 뜻한다.

정치인은 연극배우처럼 공개적인 무대에서 활동하므로 하는 일의 성공과 실패가 쉽게 드러난다. 정치인을 추종하는 대중과 언론의 관심 때문에 자기 존재감을 과시하고 싶은 마음이 커지고 허영과 과대망상에 빠지기도 한다. 게다가 정치적 라이벌의 비판과 공격에 항상 노출되어 있다. 잘못과 실수가 드러났을 때도 대중 앞에 나서야 하고 당당하게 보여야 한다. 따라서 보통 사람에게는 보기 힘든 정도의 뻔뻔함을 가지고 있는 경우가 많다.

정치적 결정은 미래에 대한 불확실성 속에서 이루어진다. 궁극적으로 사회에 이익이 되는 것이라도 정치인의 정책 결정은 이익을 보는 정책 수혜자winners와 손해를 보는 정책 피해자losers를 낳는다. 정치인은 이런 불확실성과 정치적 라이벌의 견제와 잠재적 피해자의 반대를 뚫고 자기 결정을 밀고 나간다. 따라서 정치인들은 남다른 결단력과 추진력을 가지고 있는 편이다.

역사적으로 살펴보면 남다른 권력욕을 가진 정치인들은 지배자였다. 많은 사람이 그들의 명령에 따라 움직였고 그들이 생각하고 계획한 것이 법과 제도로 만들어졌다. 오늘날에도 정치인들은 명령과 지시를 따르는 사람들과 함께 일한다. 그렇기에 지시받기보다는 지시하는 데 익숙하며, 목적을 위해서 다른 사람을 수단으로 이용하는 데 거리낌이 적은 편이다. 직접 땀 흘려 노동해서 무언가 생산하는 일보다는 누군가를 이끌고 무엇을 해야 하는지 결정하는 것을 좋아한다.

이 모든 특성을 종합하면 정치인의 일반적 개인 성향을 '자기중심성'이라고 표현할 수 있다. 권력을 사랑하는 정치인은 자기중심성이 강하다. 세상이 자기 위주로 돌아가고 돌아가야만 한다는 허영과 망상이 일반인보다 크다. 이러한 개인 성향 덕에 험난한 정치판에 뛰어들어 정치인이 되고, 정치인이 된 후 더 강화되기도 한다.

정치가와 정치꾼

자기중심적 성향이 강한 정치인은 두 부류로 나눌 수 있다. 하나는 존중과 인정의 의미를 담은 '정치가'이고, 다른 하나는 비판과 조롱의 의미를 담은 '정치꾼'이다.

정치가로 분류되는 정치인은 베버가 말한 지도자의 세 가지 자질인 정열, 책임감, 통찰력을 두루 갖추고 있다. 정치가는 이를 바탕으로 개인의 사익보다 항상 공익과 국가의 이익을 우선시하고, 시민의 의견과 요구를 적극적으로 수렴하고 왜곡 없이 대변하며, 꼭 필요한 영향만을 절제 있게 사용한다.

리더십의 기본자질과 정치인의 순기능적 역할은 서로 시너지 synergy를 일으킨다. 리더십을 갖춘 사람은 정치체계 속에 자신에게 주어진 대표의 역할을 다하려 노력할 것이다. 공익을 대표하고 대변하는 정치인의 순기능 역할에 최선을 다하는 사람은 열정과 책임감, 균형감각을 더욱 더 함양시킬 수 있다.

정치꾼은 정치가의 정확히 반대 지점에 있는 사람이다. 겉으로 '국가를 위하고 유권자와 함께한다'고 포장하지만, 권력과 권한을 남용하고 공공정책을 조작해 자신의 정치적 · 경제적 이익을 챙기는 데만 몰두한다. 이러한 정치꾼은 자신이 공공이익의 대변자임을 이용해 기회가 있을 때마다 자신과 소수의 핵심지지 세력만을 위한 대중 선동과 기만을 주저하지 않는다.

독일의 철학자 프리드리히 니체Friedrich Nietzsche가 "정치인은 인간을 오직 두 종류로 나눈다. 도구 아니면 적이다"a politician divides mankind into two classes: tools and enemies라고 했듯이 정치꾼에게는 자기 이외에 다른 모든 사람을 자신의 정치 · 경제적 이익에 도움이 되거나 유용하게 쓸 수단과 도구로만 여긴다. 그렇지 않은 사람은 자신의 정치적 야망과 경제적 이익에 방해가 되는 걸림돌이거나 반드시 싸워 이겨야 하는 경쟁자이자 사악한 적일 뿐이다.

정치꾼에게는 권력욕을 채우고자 하는 목적만 있을 뿐 철학이 없다. 무엇이 옳은 정치이고 유권자를 위한 정치인지 관심이 없다. 그들은 목적을 이루기 위한 일이라면 수단과 방법을 가리지 않는다.

반면 정치가는 과정을 중요하게 여긴다. 상식과 원칙이 소중하기에 옳고 그름을 따져 묻는다. 영국의 경제학자 콜린 클라크 Collin Clark, 1905~1989의 말은 정치가와 정치꾼을 잘 비교해 준다.

"정치가는 다음 세대를 생각하고, 정치꾼은 다음 선거를 생각한다."

프랑스의 대통령이었던 조르주 퐁피두Georges Pompidou, 1911~1974의 말도 마찬가지다.

"정치가는 나라를 위해 자신을 바치고, 정치꾼은 자신을 위해 나라를 이용한다."

정치가는 현재 자신의 정치가 미래세대에 어떤 영향을 미치는지 장기적 관점을 가지고 책임 있게 일한다. 정치꾼은 권력을 유지하고 확장하는 데 매몰되어 있다. 다음 선거에 도움이 되냐 안 되냐의 단기적이고 이기적인 관점에서 정치활동의 초점을 맞춘다.

여러분에게 정치인이 되고 싶은 꿈이 있다면 반드시 정치가가 되길 바란다. 선출직 정치인이 되는 데 성공한다면 이 점을 명심하자. 정치인이 되어 행사할 수 있는 영향력과 법적 권한이 늘어날수록 말하는 입보다 듣는 귀가 좋아야 한다. 많은 힘과 권한을 갖고 내키는 대로 한다면 부당한 명령과 지시가 남발되어 무책임한 정책으로 이어질 확률이 높고, 그 폐해는 고스란히 공동체가 짊어져야 하기 때문이다. 그러므로 열린 귀로 공공의 필요와 요구를 제대로 파악하고 전문가의 견해와 조언을 구해 신중하고 책임 있게 정책을 결정해야 한다.

독일 최초의 여성 총리, 메르켈

1954년 독일 함부르크에서 태어난 앙겔라 메르켈Angela Merkel, 1954~은 2005년 독일 최초의 여성 총리에 당선되었다. 이후 2021년 12월까지 4번 연속으로 총리직을 역임했다.

그녀는 자주 영국의 최초 여성 총리인 마거릿 대처와 비교되곤 하는데, 대처보다 더 오랜 기간 총리 자리에 있었다. 원칙주의자여서 '철의 여인'이라 불린 대처와 달리 메르켈은 포용의 리더십을 갖고 있다. 권력을 내세우지 않고 다른 정당이나 정파의 의견도 수용하는 조용하고 부드러운 그녀의 리더십을 '메르켈리즘'이라고 부르기도 한다.

하지만 이러한 스타일 때문에 메르켈이 총리로서 아무것도 하지 못해 답답하다고 느끼는 독일 국민들도 제법 있었다. 4년 임기를 채우지 못하고 조기 퇴진할 수도 있다는 소문이 돌기도 했지만, 2010년을 제외한 2006년부터 2015년까지 세계에서 가장 영향력 있는 여성 1위를 차지했다. 유럽연합에서 경제규모가 가장 큰 독일의 수장이었기에 유럽연합에서 메르켈이 차지하는 입지도 무시할 수 없었다.

메르켈은 이민 정책, 즉 난민문제에 남다른 행보를 보였다. 2015년 시리아와 이라크 등지에서 많은 난민이 몰려오자, 대다수의 유럽 국가들은 이들을 수용하지 않았다. 그러나 독일은 난민을 적극적으로 받아들였다. 그녀의 포용정책이 빛을 발한 것이다. 그러나 독일 국민들의 생각은 둘로 나뉘었다. 난민을 돕는 것은 인도적인 차원이기에 받아들여야 한다는 입장과 독일로 들어온 난민들이 범죄에 연루되는 경우가 많기 때문에 자국민 보호

독일 최초의 여성 총리였던 메르켈
메르켈 총리는 포용의 리더십으로
2005년부터 4번 연속 총리직을 역임했다.

차원에서 받아들여서는 안 된다는 입장이 첨예하게 부딪혔다. 결국 인원을 축소해서 받아들이는 방향으로 정책은 바뀌었지만, 이 과정에서 메르켈은 따뜻하고 강인한 리더십을 보여주었다는 평가를 받았다.

미국 최초의 유색인종 대통령, 오바마

버락 오바마Barack Obama, 1961~는 1961년 케냐 출신의 아버지와 유럽계 미국인 어머니 사이에서 태어났다. 그는 재혼한 어머니를 따라 6살부터 10살 때까지 인도네시아의 자카르타에서 살았고 1971년부터는 외가가 있는 하와이 호놀룰루에서 지냈다.

다민족 혈통과 세계 여러 지역에서 살면서 겪었던 성장통으로 자신과 세상에 대해 다양한 시선을 가진 오바마는 상호존중과 다채로운 문화를 받아들일 수 있는 세계관을 갖게 되었다. 그가 존경하는 인물로 꼽은 사람은 백인이면서도 흑인의 자유와 평등, 투표권을 주장했던 링컨 대통령이다.

오바마는 컬럼비아 대학교와 하버드 로스쿨을 졸업하고, 시카고에서 지역사회 활동가와 대학교수로 일하다가 2005년 1월 4일 미국 일리노이주 민주당 상원의원에 당선되었다. 그는 미국의

다섯 번째 아프리카계 미국인 상원의원이기도 하다. 2008년에는 공화당의 존 매케인 후보를 누르고 미국 역사상 최초의 유색인종 대통령으로 당선되었다.

오바마는 임기 내내 사회주의 논란에 시달렸지만, '오바마노믹스Obamanomics'라고 불리던 경제정책을 그만두지 않았다. 서민들에게 경제적 기회를 더 부여하는 것뿐만 아니라 최저임금을 올렸고, 근로소득 세액공제와 '오바마케어'라 불리는 의료보험제도를 확대했다. 반면 부자에게 더 많은 세금을 거두는 정책을 추진해 고소득자와 공화당에 미움을 사기도 했다.

이 밖에도 이란과의 핵 협상 타결, 쿠바와의 수교, 파리 기후협약 가입 등 외교적인 부분에서도 업적을 남긴 오바마는 임기 말까지 국민들의 높은 지지를 받았다.

브라질 최초의 노동자 대통령, 룰라

1945년 10월 27일 브라질 동북부의 작은 농촌 마을인 카에테스에서 본명이 루이스 이나시오 다 실바Luiz Inácio da Silva이고 별명이 룰라Lula인 남자아이가 태어났다. 룰라는 7살에 상파울루로 가게 되면서 거리에서 간식거리를 팔았고, 구두닦이, 노점상, 공장노동자 등으로 일하며 가족의 생계를 도왔다. 자동차 부품공장에 다니던 19살 때 왼쪽 새끼손가락을 잃는 사고를 당한 뒤 노동운동에 관심을 갖게 되었다.

금속노조에 가입하고 노조위원장이 된 룰라는 1978년부터 1980년까지 임금인상 운동과 파업을 전개했다. 1980년 2월에는 군사독재를 반대하는 사람들과 노동자당Partido dos Trabalhadores, PT을 결성해 본격적인 정치활동을 시작했다. 1989년에는 숙원이었던 대통령 직선제 실시에 한몫을 담당하였을 뿐만 아니라 노동당의 대통령 후보가 되어 선거에 참가했다. 룰라는 1989년에 이어 1994년과 1998년에도 대통령 후보로 출마했으나 모두 패배했고, 마침내 2002년 10월 대통령 선거에서 호세 세라를 누르고 당선되었다.

2003년 1월 대통령으로 취임한 후 룰라는 경제 활성화, 사회개혁법안 제정, 부정부패 종식을 목표로 이념과 특정계층에 얽매이지 않은 정책을 실시했다. 그 결과 2003년부터 2008년까지 브라질의 GDP는 3배 이상 늘어났으며, 2005년에는 세계 12위로 올라섰다.

저소득층의 빈곤과 불평등을 개선하고 경제발전을 이룩한 룰라는 재선에 성공했으나, 공교육의 질 향상이나 범죄퇴치 등과 관련해서는 충분한 성과를 거두지 못했다는 평가를 받기도 했다. 그렇지만 룰라는 임기를 마치기 직전인 2010년에도 지지율이 80%를 넘었고, 지난 2022년 10월에 있었던 대통령 선거에서 당선됨으로써 브라질 역사상 첫 3선 대통령이 되었다.

궁금
정치학

민주주의에서 왜 선거가 중요할까?

민주주의democracy는 개인의 자유와 평등을 기본적 가치로 삼는다. 개인의 자유는 국가권력이 절대로 침해할 수 없으며 남의 자유를 방해하지 않는 한도 내에서는 누구나 원하는 바를 말하고 행동하며 부당하게 간섭받지 않을 권리도 있다.

모든 국민은 누구나 평등하기에 법적·정치적 권리와 차별받지 않을 권리를 가진다. 재산이나 성별, 신분에 상관없이 누구나 같은 법적 권한을 가지며 법의 보호와 판단을 받는다. 선거에서도 같은 투표권을 행사하며, 특별한 결격 사유가 없다면 선거에 나갈 수 있다.

또한 민주주의에서는 권력분립separation of power, 견제와 균형checks and balances이 특징이다. 한 개체가 절대권력을 행사할 수 없게 제도적 장치가 마련되어 있으며, 국가 권력이 정부기관과 정치집단에 분산된다. 국가의 중요한 의사를 결정하는 입법부와 이를 집행하는 행정부의 대표는 선거election를 통해 뽑는다.

민주적 선거에는 핵심이 되는 네 가지의 기본 요소가 있다.

첫째, 특정 연령 이상의 모든 국민이 참여해 투표하는 보통선거여야 한다. 특정범죄 등으로 투표권이 제한되지 않았다면 누구나 선거에 참여할 수 있다.

모든 국민은 신분, 연령, 종교, 재산, 성별, 출신 지역 등에 상관없이 투표할 수 있는 권리를 보장받았기 때문이다.

둘째, 투표권자가 직접투표에 참여해 자기 의사를 전달한다. 투표권자의 의사를 표시하는 투표는 반드시 비밀이 보장되어야 한다. 투표용지에는 투표자의 신원을 밝히지 않아야 한다. 그래야 누가 누구에게 표를 던졌는지 아무도 모른다. 이것은 유권자가 정치적 보복의 두려움 없이 원하는 후보를 지지할 수 있게 하기 위해서다. 이를 직접 · 무기명 비밀투표direct, secret ballot라 한다.

셋째, 선거는 일정 주기를 원칙으로 하는 정규선거regular election를 통해 이루어진다. 정규선거는 특정 정당이나 후보에게 유리하도록 선거일정을 마음대로 정하거나 변경하지 못하도록 만들어진 장치이다.

넷째, 경쟁선거competitive election이어야 한다. 경쟁선거는 하나의 선출직 선거에 2인 이상 복수의 후보가 자유롭고 실질적인 경쟁할 수 있게 보장해 주는 것을 말한다. 법적으로 문제가 될 만한 결격 사유가 있지 않은 한 본인이 원한다면 입후보에서 배제되어서는 안 된다. 선거의 주요기능은 선출된 정치인이 적어도 자기를 뽑아준 유권자에 대해서만큼은 책임을 지게 만드는 것이다. 당선자는 다음 선거에서 낙선할 수도 있으므로 유권자의 권익을 위해 노력해야만 한다. 이런 기능이 제대로 발휘되기 위해서는 실질적 경쟁후보가 반드시 있어야 한다.

5

정치학의
미래와 고민

젠더와 정치학

젠더gender란 태어날 때 부여받은 생물학적 성이 아닌 사회·문화적으로 습득된 성별을 말한다. 오늘날에는 생물학적 성인 sex를 대체하는 용어로 사용되기도 한다. 젠더는 '종류'를 뜻하는 라틴어 제누스genus에서 유래된 단어로, 각각의 성은 상대적으로 서로 연결되었음을 내포하고 있다.

19세기에 들어서면서 사회적 성이 생물학적 성의 확장이라고 생각하는 이분법적 인식이 팽배해졌다. 이에 따라 남성과 여성의 고정된 성 역할이 강요되었는데, 이것은 정치적 성향에도 영향을 미치게 되었다. 하지만 시간이 지나면서 남성 중심의 시각이 인간 전체를 대변하는 것으로 여기는 것은 잘못되었다는 의견이 등장했고 여성의 권리가 향상되기 시작했다.

사실 인간의 성별은 사람들의 행동양식과 외양 등 눈에 보이는 것으로 알 수 있다. 그렇기에 성별은 타고난 것이 아니라 습득된 것일 수도 있고, 자기 성에 대해 스스로 인식하는 성 정체성과 이를 드러내놓고 표현하는 성적 역할 또한 후천적 습득으로 변화될 수 있다.

성 정체성이라는 용어는 1963년 스웨덴 스톡홀름에서 열린 국제 정신분석학회에서 스톨러Robert Stoller라는 정신과의사가 처음 사용했다. 성 정체성은 생물학적인 성과 본인이 지향하는 성이 다를 때 문제가 되며 남자 아니면 여자, 그렇지 않으면 비정상으로 취급하는 사회 분위기에서 발생한다. 그렇기에 성 정체성을 개인적 차원의 감정이라 치부하지 말고 사회와 연결해 공적인 부분으로 확장해야 할 필요가 있다.

1980년대에 들어서면서 젠더라는 용어는 미국과 영국을 중심으로 확산되었다. 이는 여성운동과 페미니즘의 영향 때문이었다. 페미니스트들은 생물학적 결정론을 거부하면서 남성과 여성의 차이는 역사와 문화의 산물이고, 성 구분에 대한 관점은 시대와 사회마다 다르기에 성은 '섹스'가 아닌 '젠더'로 표시해야 한다고 주장했다. 1949년 보부아르의 《제2의 성》에 수록된 '여자로 태어나는 것이 아니라 여자로 자라는 것이다'는 페미니스트들의 주장을 잘 뒷받침해 준다. 또한 젠더를 이야기할 때 남성과 여성 모두를 포함해야 한다고 주장했다. 두 이성은 상대가 없으면 존재의 의미를 파악하는 데 한계가 있으므로, 따로 떼어 다루면 어느 한쪽 성도 완벽하게 이해할 수 없기 때문이다.

역사적으로 접근해 보면 젠더는 계급이나 인종처럼 억압과 차별을 대변하는 수단이었다. 시민혁명이나 러시아혁명 모두 여성의 입장에서 보면 성차별이 뚜렷하게 드러난다. 남자 아니면 여자라는 이분법적 성별 구조는 근대 사회의 형성 과정에서 등장한 사회적이고 정치적인 산물로 100년이 넘게 지속되었다. 하지만 20세기 중후반 여성이 남성과 동등한 권리를 주장하고 쟁취한 이후부터 젠더는 사회에서 의미 있는 범주가 되었다.

여성의 참정권 또한 19세기 말부터 확대되기 시작했다. 참정권은 선거에 출마하거나 투표를 할 수 있는 권리 이상의 의미가 있다. 민주주의 국가의 국민으로서 정치에 참여한다는 큰 뜻을 내포하고 있기 때문이다.

여성의 참정권은 남성처럼 자동적이고 평화적으로 주어지지 않았다. 힘겹고 격렬한 투쟁과 피나는 노력의 산물이었다. 여성은 남성과 동등한 참정권을 얻기까지 매우 다른 정치과정을 겪었고, 이는 젠더의 등장에 필연적 요소로 작용했다.

유엔에서는 1975년부터 3월 8일을 '세계 여성의 날'로 지정해 매년 기념하고 있다. 전 세계적 차원에서 여성문제, 특히 억압과 차별에 대해 접근하고 해결하려고 노력하는 것이다.

또한 2011년에는 유엔여성기구를 설립해 여성에 대한 폭력 근절과 여성 리더십 확대 등을 위한 지원을 하고 있다. 우리나라에서는 비례대표제에서 여성의 비율을 50% 이상으로 하는 여성할당제, 비례대표제 명단을 작성할 때 남성과 여성을 교차하는 교호순번제, 여성을 임원으로 선출해야 한다고 법으로 정한 여성임원 할당제 등이 실시되고 있다. 이러한 것들이 오히려 여성을 우대하고 남성을 차별하는 것은 아닌지, 정치적으로 민주주의 원칙에 합당한 것인지는 생각해볼 여지가 있다.

우리나라를 비롯해 지구촌 곳곳에서는 가부장적인 제도와 관습을 암묵적으로 인정하거나, 특정 관습·종교·문화를 여성 차별과 폭력의 근거로 사용하기도 하고, 여성을 상품화하거나 성범죄 등 성평등의 규범에 어긋나는 일들이 여전히 존재한다. 그러므로 정치는 성평등을 위해 어떠한 법적·제도적 변화가 이루어져야 하는지 고민해야 한다.

여성뿐만 아니라 성소수자를 혐오하는 범죄도 심심찮게 발생한다. 이성애가 아닌 성적 지향성을 가진 사람들, 자신을 '퀴어

시위에 나선 여성들 ⓒTed Eytan
유엔에서는 1975년부터 3월 8일을
'세계 여성의 날'로 지정해 매년 기념하고 있다.

queer'라 부르는 사람들이 증가하는 상황에서 이들의 권리 보호는 어디까지 어떻게 해야 하는지에 대한 고민도 정치적으로 해결해야 할 과제가 되었다.

결과의 평등이 과정의 평등을 의미하는 것은 아니기에 사회적 약자인 여성과 성 소수자에 대한 관심은 계속되어야 할 것이다.

복지와 정치학

복지란 육체적 · 정신적 건강, 적절한 경제 상황, 안락한 주변 환경 등이 어우러져 삶의 질이 보장되는 것을 뜻한다. 국민이 실업이나 질병, 노령, 장애나 산업재해 등으로 경제활동이 어려울 때 국가는 의료 · 교육 · 보육 · 병간호 등의 복지 서비스를 제공해 인간다운 생활을 할 수 있도록 만들어 주어야 한다.

많게는 GDP의 20~30%, 국가 예산의 50%를 차지하는 복지 서비스를 실시하는 나라를 '복지국가'라고 한다. 복지국가는 모든 국민에게 경제적 능력의 차이에 관계없이 최소한의 수입을 보장하고 사회적 위험으로부터 안전을 정치적으로 보장한다.

복지국가라는 단어는 영국에서 가장 먼저 사용했다. 1942년 영국의 주교 윌리엄 템플은 전쟁을 일으킨 독일을 war-fare state라고 하면서 이와 반대의 개념으로 영국을 복지국가welfare state라 표현했다.

그러나 복지를 가장 먼저 실시한 국가는 독일이다. 통일 독일 제국 수립 후 민심을 달래고 노동자의 생계유지를 위해 재상 비스마르크의 주도로 시행되었다. 1883년 건강보험을 시작으로, 1884년에는 산업재해보험, 1889년에는 노령연금과 장애연금보험이 신설되었다.

현대적인 의미의 복지는 제2차 세계대전이 끝난 후 영국에서 시행되었는데, 모든 국민에게 최소한의 수입을 보장해 주었고, 의료·교육·주거 등 기본적인 생활이 가능하도록 지원했다. 이후 복지는 유럽 전역으로 퍼져나갔고 대서양을 건너 아메리카 대륙까지 전해졌다.

복지는 크게 두 가지로 나뉜다. 하나는 현금을 지급하는 방법이고 다른 하나는 현물, 즉 서비스를 제공하는 방법이다.

먼저 현금은 사회적 위험으로 소득이 끊겼거나 특별한 지출이 필요할 때 소득을 보전하는 개념으로 지급된다. 소득이 있을 때 고용주와 고용자 모두가 일정 금액의 보험료를 적립했다가 소득이 상실되었을 때 지급받는 사회보험, 특정 시기에 특별한 필요가 인정되어 지급받는 사회수당, 빈곤 가구에 현금과 서비스를 무상으로 제공하는 공공부조가 여기에 속한다. 대가성·권리성

급여의 성격이 강한 사회보험에는 연금보험, 실업보험, 고용보험, 산재보험 등이 있다.

각 나라마다 사회보험의 종류가 다른데, 우리나라는 국민연금, 건강보험, 고용보험, 산재보험이 있다. 이 4대 보험은 근로자를 고용할 때 의무적으로 가입해야 하는 강제보험이며, 100% 고용주가 부담하는 산재보험 외의 나머지 세 가지는 고용주와 고용자가 반반씩 부담한다.

각국의 사회수당에는 청년수당, 학생수당, 아동수당, 기초연금 등이 있는데, 우리나라에서는 아동수당과 기초연금만을 시행하고 있다.

공공부조로는 국민기초생활보장 프로그램을 시행하고 있다. 사회보험과 공공부조는 재원을 세금으로 충당하기 때문에 재화의 재분배 성격이 강하다.

현물급여는 의료 및 사회 서비스를 제공하는 것이다. 의료, 보육, 노인 요양, 장애인 돌봄, 일자리 알선, 직업 훈련, 공공 일자리 제공 등의 서비스를 시행한다. 때때로 교육과 주택 서비스를 포함하기도 한다. 현물급여를 통해 국가는 국민 삶의 안정성을 확대해 나간다.

사회복지 지출은 한 나라의 GDP에서 모든 종류의 복지 지출액이 차지하는 비율로, 백분율로 나타낸다. 2019년 OECD 국가

중 사회복지 지출이 가장 많았던 나라는 프랑스였다. OECD 평균은 20.0%인데 프랑스는 31.0%였고 우리나라는 12.2%였다.

복지체제가 잘 마련되어 있다는 북유럽의 핀란드, 덴마크보다 프랑스가 높은 비율을 나타내는 이유는 진보 정당이 집권한 시기가 복지 확대에 영향을 미치기 때문이다. 우리나라에서는 김대중 정부 때 복지국가의 기틀을 마련했다. 법과 정책에 의해 혜택을 받는 사람과 부담을 지는 사람이 결정되는 복지의 특성 때문에 어떤 정당이 정권을 잡느냐에 따라 복지정책은 달라진다. 그렇기에 복지는 근본적으로 정치적이다.

우리나라의 복지 지출은 다른 OECD 국가에 비해 낮은 수준이다. 특히 정규직과 비정규직의 차이가 심하다. 2020년 기준으로 정규직의 국민연금 가입률은 94.2%인데 반해 비정규직의 가입률은 35.3%에 불과하다. 비정규직은 낮은 급여를 받을 뿐만 아니라 은퇴 후의 노후대책도 불투명하다. 게다가 OECD 국가 중 최고의 노인빈곤율과 최고자살률, 최저출산율을 보이고 있다는 점에서 불평등 문제가 심각하다.

물론 1950년대까지 세계에서 가장 가난한 나라 중 하나였고 1987년에 와서야 민주화가 이루어졌다는 점을 고려하면 최근 우리나라의 복지의 성장속도는 놀라운 수준이다. 지난 20년 동안 OECD 국가 중 두 번째로 많은 복지 지출이 이루어졌으며, 2060

년에는 27.6%까지 올라갈 것으로 추정하고 있다.

복지는 무료가 아니다. 사회보험 가입자의 보험료와 세금에서 충당되는 복지의 대가는 국민의 부담으로 이어진다. 우리나라는 아직 복지 목적으로 내는 세금이나 보험의 비율이 낮은 저부담 국가이고 복지정책의 실시도 활발하지 않은 저복지 국가다. 복지 수준의 향상을 위해서는 사회보험료의 인상과 증세가 꼭 필요하다. 증세 없는 복지는 불가능하기 때문이다.

문제는 대다수의 국민이 부담을 늘이는 것에는 부정적이고 복지정책을 확대하는 것은 환영한다는 점이다. 즉 덜 내고 더 받기를 원한다. 아예 안 내고 안 받겠다는 의견도 있다. 복지는 정치적 성향이 크기 때문에 정치권에서 이를 해결하는 것은 쉽지 않다. 또한 복지정책의 확대를 위해서는 저출산과 고령화 문제, 불평등과 양극화 심화의 문제, 복지 재원 조달의 문제 등을 해결해야 한다.

환경과 정치학

사회구성원 사이에 환경문제를 놓고 발생하는 문제나 갈등 등을 해결하는 것을 환경정치라고 한다. 각기 다른 생각으로 주민

간, 도시 간, 국가 간 발생하는 환경 문제에는 기후변화, 사막화, 생물의 다양성 감소, 산업공해, 해양 폐기물 증가, 토양오염 등이 있다.

생태계 전체에서 다양하게 발생하는 환경문제로 인한 갈등은 정치적으로 해결해야만 한다. 특히 환경을 보호하려고 실행한 활동이 환경파괴의 결과를 낳는 공유재의 비극이 발생하였을 때는 더더욱 정치적 조율이 필요하다.

환경문제는 집단행동의 딜레마에 빠지기 쉽다. 스스로는 환경을 오염시키지 않지만 슬쩍 집단의 이익에 편승하는 경우가 종종 생기기 때문이다. 지구의 생태계는 하나로 연결되어 있으므로 나부터 환경오염을 줄이는 데 신경써야만 한다. 나부터 실천해야 도시로, 국가로, 전 지구로 환경정치가 발전해 나갈 수 있다. '나 하나쯤이야'라는 안일한 생각이 태평양 한가운데에 플라스틱 폐기물 섬을 만들고, 온실가스 배출로 인한 이산화탄소의 농도를 높인다.

유럽과 일본 등의 선진국에서는 1960년대부터 산업화와 근대화의 부작용으로 환경문제가 발생했다. 도시의 공장을 늘리고, 농약을 과다 사용해 생산량을 늘리고, 많은 생산품과 원유를 배에 실어 수출하고 수입했다. 이 과정에서 대기와 수질, 토양이 오염되었고 산성비는 이를 가속화했다.

결국 1972년 스웨덴의 수도 스톡홀름에서 인간 환경에 대한 유엔 회의인 환경 국제회의가 개최되었다. 그러나 환경정치는 갈등으로 점철된 역사를 갖고 있다. 서독에 원자력발전소를 건립하려 했을 때, 일본 화학회사에서 중금속을 무단으로 방출했을 때, 브라질이 아마존 밀림을 마구잡이로 벌목할 때, 인도에 있던 미국의 화공기업에서 유독가스가 유출되었을 때, 이를 해결하는 과정에서 엄청난 갈등이 발생했다. 결국 법과 규범을 넘어 정치적으로 해결할 수밖에 없었다.

환경오염은 기후변화와 연결된다. 기후는 날씨를 정기적으로 관찰한 현상을 말하는데, 이 기후가 자연적인 이유 또는 인공적인 이유로 변하는 현상을 기후변화라 한다. 오늘날 지구에서 관찰되는 가장 뚜렷하고 지속적인 기후변화는 지구온난화다. 대부분 산업혁명 이후 편리와 발전의 미명하에 지나치게 많이 배출된 이산화탄소 등이 만들어 낸 온실효과 때문에 지구온난화가 발생했으리라 추정한다. 기후변화로 야기되는 모든 문제를 기후위기라고 하는데, 지구 곳곳에서 나타나는 기상이변이 이를 잘 대변하고 있다. 기상이변은 생태계를 파괴하고 인간 사회까지 위협하지만, 여전한 세계 각국의 비협조로 인해 해결되지 않고 있다. 이렇듯 환경정치의 실행은 어렵다.

1990년대에는 온실가스의 감축을 주제로 선진국과 개발도상국 사이에 충돌이 있었다. 개발도상국들은 근대화와 산업화를 먼저 시작한 선진국이 온실가스 방출의 책임을 지고 먼저 감축해야 한다고 주장했고, 선진국들은 대규모로 온실가스를 배출하는 인도나 중국 같은 개발도상국도 함께 참여해야 한다고 주장했다. 1997년 일본의 교토에서 의정서를 체결하고 2005년부터 시행하기로 했으나 선진국과 개발도상국 사이의 갈등이 커지면서 실패로 끝났다.

2015년 12월 프랑스 파리에서 채택된 파리기후협약은 2020년 효력이 만료되는 교토의정서를 대체하는 것으로, 지구 평균온도가 2℃ 이상 상승하지 않도록 온실가스 배출량을 감축하자는 것이 주요 내용이었다. 그러나 법적 구속력이 없는 협약일 뿐이어서 각국은 알아서 온실가스를 감축해야 한다.

21세기에 접어들면서 유럽연합과 미국, 중국, 대한민국 등 세계 여러 나라들이 탄소중립과 그린뉴딜Green New Deal을 선언했다. 그린 뉴딜이란 녹색산업을 뜻하는 '그린'과 1930년대 미국에서 대공황을 타개하기 위해 시행했던 '뉴딜'을 합친 것으로, 기후와 경제 문제를 동시에 해결한다는 의미를 담고 있다. 즉 기후위기에 적극적으로 대응해 이산화탄소 등 온실가스 배출을 줄이고, 친환경 사업을 시행해 일자리를 창출하는 등의 정책을 시행한다는 것이다.

기후위기를 걱정하는 사람들의 거리행진 ⓒBecker
환경문제는 사회구성원 간의 갈등해결이 가장 중요하기 때문에
합의나 협력을 이끌어내기가 쉽지 않다.
정치적 시각에서 접근하고 고민해 풀어나가야 할 과제다.

세계 각국이 기후위기를 경제적인 위기와 연관해 극복하려는 노력을 자발적으로 시작했다는 점에서 환경정치의 미래가 어두운 것은 아니다. 하지만 환경문제는 사회구성원 간의 갈등해결이 가장 중요하기 때문에 합의나 협력을 이끌어내기가 쉽지 않다. 정치적 시각에서 접근하고 고민해 풀어나가야 할 과제다.

궁금
정치학
?

왜 직접민주주의 국가보다
대의민주주의 국가가 많은 걸까?

오늘날 가장 많은 국가가 채택하고 있는 정치체제는 대의민주주의이다. 2018년의 한 조사에 따르면, 전 세계의 167개국 가운데 59.3%인 99개국이 민주주의 정치체제를 가지고 있다. 이는 하루아침에 일어난 일이 아니다. 근대부터 20세기까지 나폴레옹 전쟁, 프랑스 혁명, 러시아 혁명, 제1차 세계대전, 제2차 세계대전, 냉전, 데탕트, 소련 붕괴, 탈냉전, 세계화 등을 거치면서 전 세계가 꾸준히 민주화를 이루어낸 결과다. 하지만 99개국 가운데 직접민주주의를 시행하고 있는 국가는 거의 전무하다. 스위스만 부분적으로 직접민주주의를 대의제와 접목해 운영하고 있을 뿐이다.

모든 민주국가가 직접민주주의가 아닌 대의제 민주주의를 채택하고 있는 이유는 무엇일까? 모든 정책 사안마다 국민이 전부 모여 안건을 토론하고 투표를 진행하는 것은 비용이 만만치 않고 현실성도 떨어지기 때문이다. 가장 큰 장벽은 현대에 들어와 세계 인구가 가히 폭발적으로 증가했다는 점이다. 유엔에 따르면 2011년에 지구 인구는 70억 명을 넘어섰다. 많은 인구는 직접민주주의의 실행에 큰 방해물이 된다. 집회나 투표를 위해 한꺼번에 전 인구가 모일 수 있는 장소도 없다.

　장소뿐 아니라 대규모의 인구 이동은 시간과 비용의 문제로 자연스레 연결된다. 국민 대부분이 정해진 시간에 함께 모인다는 것 자체가 불가능한 일이다. 게다가 많은 사람이 한꺼번에 모이기 위해 스케줄을 조정하고 행사를 계획하고 준비하는 모든 과정에 비용이 발생한다.

　자본주의capitalism의 발전과 산업화industrialization도 직접민주주의의 채택과 실행을 더욱 어렵게 만들어왔다. 자본주의는 효율, 생산성, 이윤의 극대화를 최고의 미덕으로 삼는다. 오스트리아-헝가리 출신의 미국 정치경제학자 조셉 슘페터Joseph Schumpeter, 1883~1950가 주장하듯이, 자본주의에서는 생산가능한 모든 인구는 바쁘고 또 바빠야만 한다. 생산과 소비, 교육과 같은 경제활동을 열심히 해야만 한다. 다른 일에 관심을 쏟고 시간과 비용을 쓸 여유가 없다. 자칫 잘못하면 도태되기 십상이다. 그나마 여유가 있다면 자기계발에 끊임없이 힘써야 한다. 이렇게 자본주의와 함께 개인주의individualism가 꽃피우게 되는 것이다.

　자본주의 체제 아래 개인주의와 경제적 합리성economic rationality으로 무장한 인간이 사회의 정책 이슈와 집단 의사결정 과정에 관심을 두기는 쉽지 않다. 경제활동과 재산의 소유 및 보호를 위한 자유와 권리, 복지와 후생 문제만 확실히 보장된다면 정책현안과 의사결정은 정치인과 행정관료가 책임지고 담당하는 것이 더 효율적일 것이다. 따라서 자본주의 사회에서는 대의민주주의가 최고의 효율과 합리성을 가진 정치체제일 수밖에 없다.

　하버드 경영대학원의 마이클 포터 교수Michael Porter는 '정치는 하나의 산업'

이라고 지적했다. 정치서비스를 제공하는 공급자인 정당이 있고 정치서비스를 구매하는 유권자가 있다. 이 산업과 공생하는 TV와 각종 언론매체, 여론 조사 기관, 싱크탱크 등이 있다. 이 산업에 종사하는 전문가들은 정치서비스를 생산하고 자신의 제품이 더 낫다고 홍보하며 경쟁한다. 자기 영역에서 열심히 생활하는 유권자는 생업 때문에 바빠 제공된 정치서비스 범위 내에서만 구매하고 이용한다. 끊임없이 많은 정치서비스 제공자가 생겨나지만, 다른 산업시장처럼 두어 개의 세력이 정치 시장 내에 유력한 위치를 차지하는 독과점 현상이 일어난다. 결국 유권자에게는 두어 개의 선택, 대체로 보수와 진보 사이의 선택만 남게 되는 것이다. 정도와 범위의 차이는 있지만 미국, 영국, 프랑스, 독일, 일본, 우리나라 등 대부분의 민주주의 국가에서 일어나고 있는 현상이다.

이렇듯 자본주의와 대의민주주의는 서로 궤를 같이하며 확산하고 발전해 왔다. 대의제 민주주의는 자본주의와 산업화의 특성과 부합해 이들을 유지하고 발전시키는 정치적 기반이 되었다. 또한 현대 국가의 특성과 인구구조상 현실적 대안이 되지 못한 직접민주주의 대신 대의민주주의가 인류의 보편적 가치인 자유와 평등, 인권, 재산권, 생명 존중, 평화를 실현하고 확장하고 있는 것이다.

6

정치학을 공부하려는
청소년들에게

정치학에서는 어떤 것을 배울까?

정치외교학과

정치학은 정치에 관한 여러 가지를 연구하는 학문이다. 정치는 우리 생활에 깊이 스며 있기 때문에 일상생활에서 관찰되는 거의 모든 것이 정치학의 연구대상이 될 수 있다. 정치외교학과에서는 정치학을 국제정치, 비교정치, 정치사상, 정치과정, 지역정치, 한국정치와 북한정치, 정치학 방법론 등으로 나누어 배운다.

국제정치는 변화무쌍한 국제무대에서 각국의 정치행위자 내지는 정치대표자가 펼치는 정책 및 국제관계에 대해 연구한다. 제1차 세계대전 이후 하나의 독립적 학문으로 인정받은 국제정치학은 전쟁과 평화, 힘의 논리로 대변되는 근대부터가 연구 대상이다. 국가 간의 힘의 균형에 관심을 가졌던 국제정치는 제1, 2차 세계대전을 거친 후 협상과 협력, 제도 확립으로 연구의 방향이 전환되었다. 탈냉전 이후에는 포괄적인 국제안보에 관심을 보였고, 9·11 테러 이후에는 복잡해진 국제관계를 다각적이고 체계적으로 접근하려는 움직임을 보이고 있다.

국제정치를 배우는 커리큘럼에는 국제정치론, 국제관계론, 외교사, 20세기 국제관계사, 현대 국제안보론, 국제정치경제론, 국제기구론, 한국 외교정책, 미국 외교정책, 일본 외교정책, 동북아 국제관계, 현대 국제기구의 이해 등이 있다.

비교정치는 정치학 분야 중 가장 포괄적이고 다양하다. 우리나라와 세계 여러 나라의 정치과정, 정치구조, 정책, 정치변동, 정치체제, 정치발전, 국가의 역할, 공공정책 결정 등에 대해 연구하고 공통점과 차이점을 비교·이해하는 방법론적 특징을 갖고 있다. 20세기 초까지는 법적·제도적 접근이 주를 이루었지만, 제2차 세계대전 이후 체계화·과학화에 관심을 두기 시작했다. 1970년대 이후 개별 국가의 정치현상까지 연구 영역을 확대했고, 최근에는 경제학의 연구론을 접목하는 시도가 이루어지고 있다.

비교정치를 배우는 커리큘럼에는 비교정치론, 현대 비교정치학의 이해, 현대정치이론, 정당론, 선거와 의회, 국가와 시민사회, 관료제 연구, 정치경제론, 정치과정론, 정치제도론, 민주주의, 세계의 사회주의 체제연구, 한국정치 세미나, 중국정치론, 북한정치론, 미국정치론, 동아시아정치론, 유럽정치론, 제3세계 정치론, 체제 진화의 정치, 정치인류학 등이 있다.

정치사상은 정치학의 기초라고 할 수 있다. 규범적 이해가 필요한 정치학에서 정치사상은 규범을 다루고 정치학의 한계를 보여주기 때문이다. 정치사상은 고전 그리스 시대의 플라톤에서 시작해 근대의 로크, 홉스, 루소를 거쳐 마르크스와 엥겔스, 토크빌 Alexis Tocqueville, 1805~1859에 이르기까지를 통사적으로 접근한다.

또한 규범적 문제를 보편이고 추상적으로 접근해 정치적 가치에 대해 알려주는 정치철학, 이념과 현실의 관계를 규명하는 정치이념을 연구한다.

정치사상을 배우는 커리큘럼에는 한국 정치사상, 동양 정치사상, 서양 고대 정치사상, 서양 중세 정치사상, 서양 근대 정치사상, 현대 정치철학, 헌정주의, 정치가론, 인간과 정치, 여성과 정치, 정체성 정치, 법과 정치사상, 사회주의 정치사상, 정치사상 고

정치학은…

전강독, 이데올로기론, 민족주의론, 휴머니즘론, 인권의 정치 등이 있다.

정치과정은 정치현상의 의미와 인과성을 연구하는 분야로, 대의민주주의, 입법·행정·사법의 공식적 정치과정과 언론·이익집단·정당 등 비공식적 정치과정을 주로 다룬다. 정치과정의 이해, 민주주의 정당제도, 정당과 선거, 여론과 투표 형태, 현대한국 정치의 분석, 한국의 정치과정 같은 과목이 개설된다.

또 우리나라뿐만 아니라 세계 각국의 정치에 대해 연구하는 지역 정치를 배우는데, 중국정치의 이해, 러시아정치의 이해, 유럽정치의 이해, 한국정치의 이해 등이 과목으로 개설된다. 국내 정치의 상황과 더불어 외교정책을 분석하는 한국정치, 현대북한의 정치와 한반도 통일에 대해 연구하는 북한정치, 연구주제에 접근하는 방법을 연구하는 정치학 방법론 등도 정치외교학과에서 배운다.

사회학과 & 사회교육과

정치학은 사회현상에 대한 폭넓고 개방적인 지식을 요구하기 때문에 인간의 삶과 사회에 대해 넓고 깊게 공부하는 사회학과나 사회교육과에서도 배운다. 사회학과는 인간의 행위에 관심을 두는 학문이어서 일시적 만남의 분석에서부터 지구촌 환경문제까지를 폭넓게 배운다.

사회교육과는 졸업 후 2급 정교사 자격증을 받을 수 있으며, 고등학교에서 정치, 경제, 사회문화 등을 가르칠 수 있다. 사회학과나 사회교육과에서 다루는 정치학은 정치에 대해 포괄적이고 일반적인 내용을 담고 있는 개론 분야와 사회나 교육과 관련된 분야가 대부분이다. 이외에도 인문학을 공부하는 학과에서 정치학을 교양으로 배우기도 한다.

정치학을 공부하면 좋은 이유

정치외교학 전공자가 다양한 분야에 진출할 수 있는 것은 크게 세 가지 이유에서 살펴볼 수 있다.

첫째는, 정치외교학과에서 모든 인간 상호작용의 기본이 되는 권력과 영향력 관계를 집중적으로 배우고 탐구할 수 있기 때문이다. 사람이 사회에 나와 일하며 먹고 산다는 것은 기본적으로 인간과 인간 사이, 인간과 집단 사이, 집단과 집단 사이의 상호작용을 통해 발생하는 일이다. 이러한 상호작용은 조직화되고 제도화된 권력과 영향력 관계 아래 이루어진다. 누구와도 상관없이 혼자만 잘하면 될 것 같은 프리랜서 작가라 할지라도 작품을 의뢰하거나 받아주고, 기획하고 출판해 줄 외부 조직, 즉 출판사와 관계를 맺어야 한다. 출판사는 또한 유통과 판매를 담당해 줄 온·오프라인 서점과 같은 다른 외부 조직과 관계를 맺어야 한다.

둘째, 정치외교학과에서는 모든 인간 지식체계의 가장 핵심이 되는 철학적, 과학적, 비판적/창의적 사고 능력을 배울 수 있기 때문이다. 이러한 사고능력은 인간의 삶과 사회가 어떻게 구성되고 작동하고 발전하는가에 대한 근본적인 원리를 파악하게 해준다.

정치철학과 정치사상 관련 수업을 통해, 삶과 세상의 본질이 무엇인지에 대한 물음과 이를 설명하는 이성적 사고를 배운다. 정치학 연구방법론 관련 과목을 통해 사례분석, 비교분석, 실험분석, 통계분석, 게임이론 등을 사용해 데이터와 제시된 이론에 대해 수학모형을 통해 분석하고 검증하는 과학적 사고체계를 익힌다. 실질적인 정치주제 관련 수업을 통해서는, 겉으로 보이는 현상을 넘어 그 기저에 작동하고 있는 원인과 결과의 인과관계 causal relationship로 추정하고 논리적으로 파악해 새로운 설명과 해결방안을 제시하는 비판적/창의적 사고 능력을 배우게 된다.

셋째, 정치외교학과의 특성상 폭넓은 독서, 의사소통능력, 다양한 시사 이슈에 대한 관심, 역사 이해, 국제정세 및 현안에 대한 파악, 외국어 능력, 글쓰기 능력, 민주시민과 국제사회의 일원으로서의 소양과 교양 등이 다른 학과에 비해 유달리 더 강조된다. 한마디로 종합적 사고능력을 가진 멀티플레이어의 자질과 능력, 이것이 정치학 전공자들이 대학 4년 동안 집중적으로 훈련하는 것이다.

정치학 전공자들의 진로와 취업

정치학을 공부한 후 사회에 진출하면 무엇을 할 수 있을까?

전공을 살려 학생을 가르치는 교사나 교수가 될 수도 있고, 정치인이나 외교관이 될 수도 있다. 사회 여러 분야에서 정치적으로 갈등이 심화하고 있는 요즘, 이를 해결하는 컨설턴트로 일할 수도 있다. 기업과 노동자, 경제적 상류층과 빈곤층, 기성세대와 청년 세대, 보수와 진보 등이 갈등을 일으키는 원인을 찾고 대안점이나 합의점을 도출해 내는 것이 컨설턴트의 업무다.

정부가 복지나 이민, 의료 등과 같은 정책을 만들 때 정치적으로 어떻게 하는 게 좋은지 조언해 주는 전문가로도 활동할 수 있다. 빠르게 변화하는 현대사회에서 트렌드에 맞는 정치의 역할을 알려주는 정치 분석가도 정치학을 전공한 사람이 할 수 있는 직업이다. 방송국이나 신문사의 정치부 기자가 될 수도 있고, 정치에 관련된 데이터를 정리하고 분석하는 직업을 가질 수도 있다.

정치학을 다루는 국내 대학의 학부는 주로 '정치외교'라는 이름으로 개설되어 있다. 그 밖에 정치행정, 국제관계, 정치언론 등의 이름으로 개설된 곳도 있다. 여기서는 통일되게 정치외교학과라고 하겠다.

정치외교학과는 문과계열 전공 중에서 인기가 높고 입학시험 결과도 거의 대부분의 대학에서 최상이다. 하지만 높은 선호도와 입학기준에도 불구하고, 막상 정치외교학과를 졸업하면 무엇을 하며 어떻게 먹고사는가 하는 걱정과 편견이 있다. 경영이나 경제학 계열에 비해 상대적으로 취업이 어려운 것도 사실이기는 하다. 그러나 당장에 취업률은 경영 · 경제에 비해 낮을 수 있으나, 취업의 폭과 질이 반드시 그런 것은 아니다.

정치외교학 전공자의 진로 폭은 상당이 넓고 다양하다. 의사와 같이 완전히 특화되고 전문화된 직업을 제외하고는, 정치외교학 학부 졸업장만 가지고도 거의 모든 분야와 직군에 진출해 훌륭한 역량을 발휘할 수 있다. 실제 저자가 알고 있는 경우만 해도 국회의원, 광역단체장, 시의원, 구청장 같은 정치인은 물론이고 대형 민항 항공사의 조종사부터 100대 기업의 CEO, 세무사, 회계사, 소설가, 영화감독, 펀드매니저, 증권사 애널리스트, 자동차 영업사원부터 방송국 PD, 언론사 기자, 일반 기업체 사무직원, 공무원, 외교관 등에 이르기까지 실로 그 스펙트럼이 굉장히 넓고 다양하다.

취업의 확률과 고용의 안정성 그리고 직업의 가치를 높이는 데 가장 중요하고 어쩌면 유일한 방법이 '전문성'이라고 생각하는 사람들이 많은 것 같다. 물론 전문성을 제대로 갖추어 전문가로 인정받고 직업의 안정성과 고임금을 보장받을 수만 있다면야 더 바랄 게 없을 것이다. 하지만 전문성이란 것이 전공이 무엇이건 간에 대학 4년의 교육과 훈련으로 확보할 수 있는 것은 아니다. 거의 대부분이 대학졸업 후 대학원 과정을 거쳐야 하고 대학원 과정을 졸업한 이후에도 해당분야에서 계속 공부하고 경력을 쌓아야 전문성을 인정받을 수 있다. 즉 지극히 소수의 사람만이 오랜 시간의 인내로 상당한 수준의 내공을 쌓은 후에야 전문가의 세계로 진출하는 것이다.

많은 기업과 직장에서 필요로 하는 것은 다양한 분야에 해박한 지식을 가지고 있으며 종합적 사고능력과 응용력이 뛰어난 멀티플레이어이다. 특정 업무에 꼭 필요한 경우는 전문가에게 의뢰하면 된다. 특정 분야 전문가의 도움이 항상 필요하다면, 해당 분야의 전문가를 정규직으로 채용하면 된다. 이를테면 기업이 따로 법무팀을 두고 이 업무를 도맡아서 하는 상근 변호사를 채용하는 경우이다. 하지만 기업에 필요한 업무는 무궁무진한데, 필요한 업무마다 모두 전문가를 고용할 수는 없다. 또 그럴 필요도 전혀 없다. 여러 방면에 재주가 있고, 업무처리가 빠르고, 자원 · 사람 · 업무를 적재적소에 배치하고 연결할 수 있는 능력이 중요하다. 세상의 모든 일이라는 게 결국 다 사람이 하는 일이고 사람이 만든 사회가 하는 일이다. 사람과 사회에 대한 이해를 가장 잘 배울 수 있는 전공이 정치학이다. 이런 면에서 정치학 전공자의 진로와 취업의 길은 의외로 넓고 아주 다양하다.

지나치게 특성화되고 시류를 타는 전공을 선택하는 것은 기초학문 분야의 전공보다 오히려 더 위험할 수 있다. 당장 특화된 사회적 필요성이 있고 인기가 좋아 취업과 진로에 유리해 보일지 몰라도, 시류라는 것은 쉽게 변하는 속성이 있고 산업의 흐름과 기술도 급변한다. 입학할 때 최신 유행 학과 혹은 첨단 학과가 졸업할 때는 한물간 학과가 될 수가 있는 것이다. 또한 최신 경향을 따른다는 이유로 너무 세분화된 전공은 졸업하고 나서 진로가 지나치게 좁은 경우가 많다.

여기서 잘 알아야 할 것이, '첨단'과 '특성화'란 말이 전문가 수준의 내공과 능력과는 전혀 별개의 문제라는 사실이다. 일단 위에서 말한 대로, 대학 4년 동안의 교육만으로 어느 분야이든 절대 전문가가 될 수 없다. 특히 첨단학과, 특성화학과에서는 대학 4년 동안 매우 좁은 응용분야를, 그 밑받침이 되는 학문의 기초적 이해와 심화 없이 수박 겉핥기식으로 배운 채 끝나기 마련이다.

또 졸업하고 나서 전공을 살려 취업이 잘 되었더라도, 막상 적성이 맞지 않아 힘들어하다 결국 그만두게 되는 경우도 상당히 많다. 그럴 경우 대학에서 쌓은 훈련의 스펙트럼이 지나치게 협소해서 다른 진로의 취업을 하는 데 어려움을 겪기도 한다. 따라서 소위 첨단학과와 특성화학과의 전공을 피하는 것이 진로와 취업에 중장기적으로 훨씬 유리하다고 충고하고 싶다.

이제부터는 정치외교학 전공자들이 졸업 후 진출할 수 있는 주요 진로에 대해서 하나씩 소개한다.

① 정치인

정치외교학과를 졸업하고 정치인이 되는 것이 가장 직접적으로 전공을 살리는 길이다. 우선 국회의원을 생각할 수 있다. 그러나 대학을 졸업한 20대 청년이 국회의원이 되는 경우는 아주 특수한 경우를 제외하고는 거의 없다. 정당에 몸담고 오랜 세월 경륜을 쌓아야 가능한 일이다. 서울, 부산, 인천 등 대도시의 시장과 같은 광역단체는 물론이고 하위 단위인 도지사, 시장, 구청장, 군수 같은 선출직 기초단체장도 마찬가지이다.

시의원, 도의원, 구의원, 군의원과 같은 광역의회나 기초의회의 의원이 되는 것도 20대 청년에게는 만만치 않은 일이다. 그래도 최근에는 기초의회 단위에서는 20대 청년의 당선이 점점 늘어가고 있는 추세이다. 가장 최근인 2022년 '6·1 전국동시지방선거'에서 20대 이하 당선인이 총 82명 나왔다. 지방의회 의원의 총 3,617중 82명이라 아직 2%가 조금 넘는 수준이지만 2018년 지방선거에 비해서 3배 가까이 늘었다.

2022년 지방선거에서는 사상 최초로 10대 지방의원도 등장했다. 2002년 11월생인 천승아는 이화여대 중문학과 휴학 중에 국민의힘 비례대표로 출마해 고양시 기초의원에 당선이 되었다. 2018년 선거에서는 조민경이 서울대 정치외교학 학부를 졸업한 직후 비례대표가 아닌 인천광역시 연수구 가선거구에 더불어민주당 후보로 출마해 당선되어 큰 이목을 끌었다. 당시 인천시 광역 및 기초의회를 통틀어 최연소 당선자였다.

② 정당 당직자, 정치인 보좌진, 선거관리위원회

정치외교학을 전공한 후 가장 전공에 연관된 또 다른 진로는 정당에 취업하는 일이다. 학교나 병원에 선생님, 의사, 간호사만 있는 것이 아니라 행정업무를 담당하는 직원이 있는 것처럼 정당에도 정당의 운영과 행정업무를 처리할 당직자가 필요하다. 더

불어민주당, 국민의힘 같은 우리나라의 주요 정당들은 일정 급수 이상의 정규직 당직자를 공채로 뽑는다.

정당 당직자뿐 아니라 국회의원이나 지방의원 보좌관이나 비서가 되는 것도 정치외교학 전공과 직접 연관된 진로이다. 또 선출직 정치인들은 각자 지역구에 사무실을 따로 운영하고 있으므로 이곳에 사무원으로 취업할 수 있다.

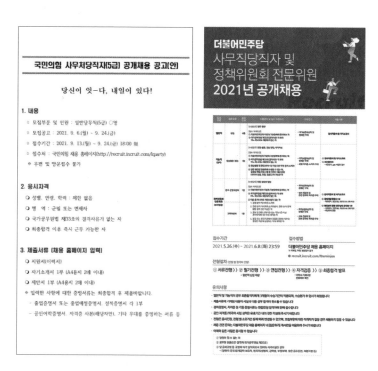

정당의 채용공고

중앙선거관리위원회의 공채시험에 응시해 공무원이 되는 것도 정치외교학 전공을 살리는 길이다. 선관위는 또한 각종 경력직 혹은 임기제 공무원도 채용하고 있다. 선관위의 업무를 담당하는 직군으로는 행정직, 기술직, 관리운영직군이 있는데, 그 중에서도 일반행정직과는 별도로 선거행정을 담당하는 선거행정직을 따로 두고 있다.

③ 일반기업체

실제적으로, 다른 학과와 마찬가지로 정치외교학과도 우리가 흔히 회사라고 말하는 일반 기업체에 취업하는 비율이 절대적으로 가장 많다. 또 정치외교학은 경제, 사회, 문화, 국제 뉴스 등 정치문제와 밀접하게 관련되어 있어 졸업 후 정치부 기자만이 아닌 다양한 부서의 기자가 될 수 있다.

물론 정치외교가 경영·경제와 같은 경상계열 학과보다 기업체 취업에 더 유리하다고 말할 수는 없다. 따라서 대학에서 복수전공이나 부전공으로 경상계열이나 여러모로 쓰임이 많은 통계학을 택해 취업의 폭을 확장시키는 것이 좋다. 또한 정치외교 전공의 특성과 장점을 살려 기업체의 무역과 해외사업을 담당하는 부서를 집중적으로 공략하는 것도 좋은 방법이다. 국내에 진출해 있는 외국계 은행에서는 영어 및 해당 외국어 능통자를 우대해서 채용하기도 한다.

④ 언론사 기자, 방송사 PD

방송사 뉴스나 신문의 주요 이슈는 항상 정치관련 기사이다. 따라서 언론사 기자들 중 정치외교학 전공자들이 많다. 또 방송사 PD 중에 정치외교학과 졸업자가 상당히 많다. 꼭 뉴스나 시사프로그램을 담당하는 보도국뿐 아니라 문화, 교양, 예능, 드라마 등 다양한 프로그램 제작에 참여하고 있다. 단정한 용모와 전달력 있는 목소리, 진행 능력 등을 가지고 있다면, 아나운서에도 도전해볼 만하다. TV를 켤 때마다 채널에 상관없이 나오는 김성주 아나운서가 중앙대 정치외교학과 출신이다. 이 외에 정치평론가가 되는 길도 있다.

⑤ 공무원, 외교관, 국가정보원

경영, 경제, 법학, 행정이나 다른 사회과학 계열의 전공과 같이 정치외교 전공자는 공무원 시험을 많이 본다. 가장 흔한 9급부터 7급 공개 채용시험이 있다. 또한 5급 공개경쟁 채용은 흔히 말하는 행정고시로 고급관료를 선발하기 위한 시험이다.

공무원은 크게 중앙정부에서 선발하는 국가직과 지방자치정부에서 선발하는 지방직으로 나뉜다. 직군과 업무에 성격에 따라

방송사에서 근무 중인 PD와 기자들 ©Frankie Fouganthin
경제, 사회, 문화, 국제 뉴스 등 정치문제와 밀접하게 관련되어 있어
졸업 후 정치부 기자만이 아닌 다양한 부서의 기자가 될 수 있다.

크게 행정직, 기술직, 관리운영직 등으로 구분된다.

정치외교학에 특화된 고급관료 선발시험은 외무고시로 통용되는 외교관후보자 선발시험이 있다. 이 시험에 합격하면 국립외교원에 입교해 국제정치학 석사과정에 상응하면서도 좀 더 외교관 실무에 해당하는 교육을 1년간 받게 된다.

행정고시에 비해 외무고시는 선발인원이 지극히 제한적이다. 2022년의 경우 5급 행정고시는 322명을 선발한 반면 5급 외무고시는 단 40명만 선발했다. 외무고시를 통하지 않더라도 외교 관련 공무원이 될 수 있는 길이 있다. 이를 외무영사직이라 하는데, 7급 공채 시험을 통해 선발한다. 매해 조금씩 다르긴 하지만, 평균적으로 40명 정도의 인원을 뽑는다.

국가정보원에도 정치외교학과 출신이 공채나 특채로 입사하는 경우가 많다. 외국어능력, 해외 주요국가에 대한 지식, 국제정세 분석능력, 국제감각 등을 중시하는 국정원의 인재선발기준에 정치외교학과의 교육과정이 잘 부합하기 때문이다.

⑥ 법조인

2009년 법학전문대학원로스쿨, Law School 제도가 본격 시작되고 로스쿨이 있는 주요 대학은 학부과정에서 법학 전공을 폐지했다. 법조인을 선발하고 양성하던 사법고시와 사법연수원 제도도 이후 계속 축소되어 오다가 2017년을 마지막으로 완전히 폐지되었다. 이전에는 법조인이 되고 싶은 학생들은 주로 학부 법학과에 입학했으나, 이제는 사회과학계열로 진학한다. 그중 단연코 가장 많이 선호하고 선택하는 전공이 정치외교이다. 이전에도 인기학과였으나, 로스쿨 제도 시행 이후 정치외교학과에 대한 선호와 인기가 한층 더 업그레이드되었다.

법조인이 되고 싶은 학생들이 정치외교학과를 최우선적으로 선호하고 고려하는 이유는 로스쿨 제도의 원조격인 미국대학시스템의 영향도 크다. 미국에서는 로스쿨 진학을 희망하는 학생들이 3학년부터 프레로Pre-Law 과정에 들어가는데 이 과정을 운영하는 곳이 거의 대부분 정치외교학과이다. 사실상, 법학의 가장 기본이 되는 학문이 정치학이다. 법조문은 그 시대의 철학과 사회현상의 원리, 의식, 문화, 규범과 도덕 등을 반영해서 만들어지고 해석된다. 법의 근본이 되는 철학과 사회현상의 원리를 중점으로 연구하고 배우는 학문이 정치외교학이다. 따라서 법조인 진로를 희망하는 학생들이 정치외교학과 진학을 희망하는 것은 지극히 당연하고 자연스런 현상이라 할 수 있다.

다만, 다양한 경험과 배경을 가진 법조인의 양성이란 측면에서 경영, 경제, 사회, 심리, 철학 등 문과계열뿐 아니라, 이공계열 학부 졸업생들의 로스쿨 진학도 꼭 필요하며 실제 상당수 이루어지고 있다.

⑦ 교수, 연구원

대학원에 진학해서 학문과 연구를 평생의 직업으로 하고 싶은 학생들도 많을 것이다. 학부 졸업 후 석사과정을 거쳐 박사과정에 진학해서 정치학자의 길로 들어설 수 있다. 박사학위까지 받으면 전문연구자로서 국가에서 운영하는 국책연구소나 민간에서 운영하는 사설연구소에 취업할 수 있다. 박사학위 소지자가 가장 선호하는 직업은 대학교수이다. 직업적으로 가장 안정적일 뿐 아니라, 사회적으로 존경도 받을 수 있기 때문이다.

박사학위 획득 후, 명망 있는 연구소나 대학의 교수가 되기 위해서는 인맥이나 배경도 중요하지 않다고 말할 수는 없겠으나 무엇보다도 실력과 실적이 가장 중요하다. 정치학자로서 제대로 된 훈련을 받고 실적을 쌓을 만한 실력을 키우고 싶다면 이왕이면 훌륭한 대학원 과정이 있는 곳에서 공부하고 학위를 받는 것이 좋다.

가장 확률을 높이는 방법은 미국대학의 정치학 대학원과정에서 공부하는 것이다. 자원, 인력, 시설 등 거의 모든 면에서 정치학자로 훈련 받고 실력을 쌓을 수 있는 곳은 미국 대학만 한 곳이 거의 없다. 미국 대학시스템의 주류를 이루는 연구중심 대학의 경우 학과의 운영과 프로그램이, 학부과정보다는 대학원 과정에 훨씬 더 집중되어 있다. 정치학과의 경우 아주 큰 프로그램은 정규 교수가 100명에 이르는 경우도 있고 50명이 넘는 경우도 다반사이다. 웬만한 대학원 프로그램도 30여 명이 넘는 교수들이 있다.

우리나라의 경우 과거 군사독재시절의 잔재로, 정치학의 하위 분야이자 행정관료를 양성하는 것이 주목적인 행정학을 학부에서 육성하는 반면에 비판적이고, 창의적, 근본적인 학문을 하는 정치외교학과의 규모를 상대적으로 축소해서 운영하게 했다.

국내 대학 정치외교학과의 경우 보통 한 학과에 10명 이내의 교수로 운영되고 있다. 이는 정치외교학과의 학부 정원이 축소되어 운영되어 왔기 때문이다. 따라서 전문적인 학문후속세대를 양성하기에는 교수의 수도, 시설, 자원도 턱 없이 부족한 형국이다. 실제 우리나라 정치외교학과 교수들의 대부분이 미국대학원의 박사 출신이다. 따라서 정치학자로서 삶을 살고 싶은 어린 학생들에게 우리나라의 대학원보다는 미국 대학의 대학원 진학을 적극 권장하는 바이다.

미국의 박사과정의 경우, 입학을 위해 반드시 석사학위가 있어야 하는 것은 아니다. 학부 4년 졸업 후에 석사학위 없이 바로 박사과정 진학이 가능하다. 사실 미국 대학원은 특별한 경우를 제외하고는 학부 졸업 후에 석사학위 없이 바로 박사과정에 지원하는 학생을 더 선호하기도 한다.

우리나라 유학생의 경우는 장단점이 있다. 학부를 마치고 바로 미국 대학원 박사과정에 합격해서 무사히 대학원 과정을 마칠 수만 있다면야 좋겠지만 쉬운 일은 아니다. 우선 학부과정을 수행하는 동시에 어학과 유학시험 등을 준비해야 하기 때문이다. 또한 학문적 기초가 부족해 박사과정 공부 중에 어려움을 겪는 경우도 상당히 많다. 우리나라에서 석사과정을 거치면, 좀 더 학문적 기초를 쌓을 수 있는 기회가 있고 영어능력 향상과 유학 시험 준비 등 기타 제반 준비를 더 탄탄하게 할 수 있다.

연구원과 교수 외에도, 정치학 박사학위 소지자는 기업, 증권회사, 투자회사, 대형법률사무소로펌, Law Firm의 전문연구원 자리를 노려볼 만도 하다. 오늘날 같이 점점 복잡해지고 고도화된 자본주의 시대에는 더 이상 경제와 산업의 변화와 발전이 단순한 경제적 요인에 의해서만 작동하지 않기 때문이다.

⑧ 전문대학원

정치외교학과를 졸업하고 대학원을 진학한다 해서, 반드시 정치외교 전공으로 진학할 필요는 없다. 또 석사과정을 마친 후에도 마찬가지다. 본인의 진로와 취업에 도움이 된다고 판단하면 어떤 전공이든 상관은 없고 석사과정의 공부만으로도 충분할 것이다.

비교적 정치외교와 연관된 취업에 도움이 되는 석사 프로그램을 몇 가지 살펴보면 다음과 같다.

우선, 국제대학원이 있다. 정치, 경제, 문화, 지역, 국제정세 등에 대해 학문적이고 이론적인 기초는 물론 좀 더 실무적인 접근 방법으로 공부하는 곳이다. 정치외교 계열의 프로페셔널 스쿨Professional School이라 할 수 있다.

프로페셔널 스쿨을 우리나라 대학에서는 특수대학원 혹은 전문대학원으로 부르기도 한다. 대표적인 예로 경영학 계열의 프로페셔널 스쿨Professional School은 MBA과정이 있다. 경영학과 상이한 학부전공자가 경영전문석사MBA 과정에 진학해 경영, 관리, 재무에 대한 이론과 실무를 배우는 경우가 상당히 많다. 정치외교 전공자도 MBA 과정 진학을 고려해볼 만하다. 앞서 설명한 로스쿨도 '법학전문대학원'이라는 이름에서 알 수 있듯이 일종의 프로페셔널 스쿨이다.

외국어 배우기를 좋아하고 외국어 능력이 출중한 사람이라면 전문대학원 중 통번역대학원에 진학해 동시통역사나 번역가의 진로를 모색할 수도 있다. 한국외국어대, 이화여대, 중앙대, 서울외국어대학원대학교의 통번역전문대학원 과정이 가장 권위가 있고 유명한 편이다.

민주주의는 왜 경제발전에 유익할까?

민주주의가 경제발전에 도움되는 이유는 대략 다섯 가지다.

첫째, 민주주의의 법과 제도적 특성이 지속적인 경제발전에 유리하다. 민주주의는 법률에 따른 통치the Rule of Law로 구현된다. 따라서 통치자 마음대로 경제를 운영할 수 없다. 통치자의 권한 남용과 독단적 경제운영은 법과 제도에 의해 제한된다. 통치자 마음대로 경제를 운영할 수 있다면 국가경제의 효율과 경쟁력이 약화하고 특권층은 부유해지지만 나라와 국민은 가난해질 수 있다. 그러나 법과 제도를 통해 공정과 자유가 보장되면 경쟁력 있는 아이디어와 제품이 시장의 선택을 받고 궁극적으로 산업과 경제가 발전할 것이다.

둘째, 경제영역에서 법치法治는 재산권의 보장이 핵심이다. 재산권은 자유로운 생산과 경제활동, 나아가 경제성장과 지속적인 경제발전에 필수가 되는 가장 기본적인 법과 제도적 장치다. 사업과 노동, 투자와 같은 경제활동으로 얻은 소득에 대한 소유권 보장이 확실하지 않다면 누구도 열심히 일하거나 사업하며 투자하려 하지 않을 것이다.

이 문제는 경제활동에 참여하는 모든 사람에게 재산권property rights을 보장하면 해결할 수 있다. 민주주의는 정치적 자유뿐 아니라 경제적 자유도 법과 제도의 근간으로 삼는다. 참정권이 정치에서 자유의 필수요소인 것처럼 재산권은 경제에서 자유의 필수요소이다. 이 둘은 민주주의 정치경제 제도의 근본원리인 자유를 수호하는 양날의 검이다.

셋째, 민주주의의 '법에 따른 통치' 원리는 경제활동과 시장거래에 필수적인 계약과 신용체계 확립에 도움을 준다. 공장에서 물건을 만들고, 상점에서 판매하고, 소비자가 구매하는 과정은 경제활동과 시장거래의 대표적인 예다. 이때 상호신뢰가 없는 상점과 공장 간의 거래는 불확실성과 위험이 상대적으로 크다. 이 문제를 극복하는 것이 계약contract이다. 계약은 거래자 사이에 어떤 일을, 언제, 어떻게 하겠다는 약속이며, 불이행시 어떤 보상을 하겠다는 것까지 계약서에 명시된다.

법치제도와 문화가 제대로 확립되지 않은 전제주의 사회에서는 계약의 내용과 의무를 강제하고 집행하는 계약집행력contract enforcement이 약하다. 계약을 지키지 않고 정부의 힘 있는 사람을 돈으로 매수하는 일도 흔하다. 계약이 신뢰할 만한 강제력을 갖기 힘들기 때문에 거래성사 자체가 어렵다. 이런 상황에서 경제가 성장하고 발전하기는 쉽지 않다.

그렇기에 법치주의와 계약 집행력을 갖춘 민주주의에서 신용 시스템을 발전시키고 국내시장에서의 효율과 국제시장에서의 경쟁력을 강화하기 쉽다.

넷째, 민주주의 정치문화도 경제발전에 도움이 된다. 민주주의는 사회구성원 간의 상호존중과 신뢰를 근간으로 삼는다. 누구나 생각과 표현의 자유를 보장받기에 다양한 생각과 의견을 존중해야 하며 반대 의견이라도 함부로 묵살

해서는 안 된다. 이러한 문화는 사회를 더 개방적으로 만들기 때문에 창의적인 아이디어가 많이 등장하고 받아들여진다.

민주주의 정치문화는 '사상의 자유시장the marketplace of ideas'과 작동원리가 일맥상통한다. 사상의 자유시장이란 17세기 영국의 철학자 존 밀턴John Milton, 1608~1674이 확립하고 이후 많은 학자가 연구에 적용한 이론인데 다양한 생각과 아이디어를 자유롭게 표출하도록 내버려 두면 혼돈이 생길지라도 공개적이고 투명한 과정을 통해, 가장 좋은 것이 살아남아 힘을 발휘한다는 게 핵심이다. 자유시장에서의 상품과 마찬가지로 아이디어도 자유경쟁을 통해 걸러질 수 있다는 원리다. 이렇게 걸러진 아이디어는 경제와 시장, 기업과 제품, 법과 제도에 적용되어 혁신과 경제발전을 끌어내는 원동력이 된다.

다섯째, 선거제도 역시 경제발전에 도움이 된다. 민주주의 국가에서는 정기적으로 치러지는 선거로 정권의 교체가 주기적이고 예측가능하다. 이는 경제발전에 필수인 정치적 안정을 가져다 준다. 독재국가에서는 언제 정권이 바뀔지 모르고 독재자는 영원히 권력을 쥐고자 사회를 통제하고 압박한다. 이에 불만은 품은 정치세력은 쿠데타, 내전, 테러, 암살, 반란과 같이 폭력적인 방법을 동원해 정권을 교체할 수밖에 없다. 정권이양과 정부교체가 예측불가능하고 폭력적이기에 독재국가는 정치적으로 불안정하다. 정치적 불안은 장기적인 안목을 가지고 경제를 발전시켜 나가는 데 걸림돌이 되고 시장의 불확실성을 높여 생산과 소비, 투자를 위축시킨다.

책

《10대를 위한 정치 토크》, 송지홍, 2020, 다른

《힙합 청소년 정치학》, 강제명, 이창우, 2019, 이론과 실천

《긴즈버그의 말》, 루더 베이더 긴즈버그, 2020, 마음산책

《홍콩의 정치와 민주주의》, 구라다 도루, 장위민, 이용빈, 2019, 한울

《지구를 구하는 정치책》, 이지문, 조홍섭, 홍세화, 고은광순, 조효제, 2018, 나무야

《사라진 민주주의를 찾아라》, 장성의 · 방상호, 2018, 풀빛

《선량한 차별주의자》, 김지혜, 2019, 창비

《청소년을 위한 정치학 에세이》, 설규주, 2017, 해냄

《청소년을 위한 정치학 대안교과서》, 김남국 외, 2021, 이학사

《청소년, 정치의 주인이 되어볼까》, 이효건 · 정은규, 2020, 사계절

영화

〈한반도〉, 2006

〈프로스트 vs 닉슨〉, 2009

〈철의 여인〉, 2012

〈리벨리온〉, 2013

〈특별시민〉, 2017

〈바이스〉, 2019

〈더 프레지던트〉, 2021

〈돈 룩 업〉, 2021

〈대한민국 대통령〉, 2022

〈위대한 침묵〉, 2022

자유롭고 올바른 시민사회의 주인이 되는 첫발

처음 정치학

초판 1쇄 발행 2022. 11. 30.

지은이 박요한
발행인 이상용
발행처 봄마중
출판등록 제2022-000024호
주소 경기도 파주시 회동길 363-15
대표전화 031-955-6031
팩스 031-955-6036
전자우편 bom-majung@naver.com

ISBN 979-11-92595-06-1 43340

값은 뒤표지에 있습니다.
잘못된 책은 구입한 서점에서 바꾸어 드립니다.
본 도서에 대한 문의사항은 이메일을 통해 주십시오.

봄마중은 청아출판사의 청소년·아동 브랜드입니다.